rororo

rororo

**rororo sprachen** Herausgegeben von Ludwig Moos

Wer neugierig ist auf andere Länder und ihre Menschen, der kommt um Sprachkenntnisse nicht herum. ***Englisch in letzter Minute*** bietet den Einstieg für alle, denen ein ganzes Lehrbuch zu langweilig und ein herkömmlicher Sprachführer zu wenig didaktisch ist. Wer diesen Crashkurs mit der zugehörigen Audio-CD durcharbeitet, der erwirbt dank einer ausgefeilten Methode rasch die Fähigkeit, sich in England und den englischsprachigen Ländern zu verständigen. Informationen zum Alltag und jede Menge praktischer Tipps verkürzen den Weg zu der anderen Kultur. Das englisch-deutsche, deutsch-englische Wörterbuch im Anhang hält über das im Sprachkurs verwendete Vokabular hinaus einen soliden Grundwortschatz bereit.

Sprachkurse für Überflieger gibt es außerdem zu ***American Slang*** (9623, 9624), ***Arabisch*** (9541, 9542), ***Französisch*** (60911, 60912), ***Griechisch*** (19917, 19919), ***Italienisch*** (60914, 60915), ***Portugiesisch*** (9686, 9687), ***Spanisch*** (60917, 60918) und ***Türkisch*** (9688, 9689).

***Iain Galbraith*** arbeitet als Autor, Übersetzer, Herausgeber und Literaturkritiker.

***Paul Krieger*** ist als Sprachlehrer und Schriftsteller tätig. Bei rororo sprachen sind von ihm erschienen: ***Supertrain Grammar*** und ***Versprechen Sie Deutsch?***

*Überarbeitete Neuausgabe*
*April 2000*

*Veröffentlicht im Rowohlt Taschenbuch Verlag GmbH, Reinbek bei Hamburg, Januar 1994*

*Umschlaggestaltung Barbara Thoben*
*(Illustration Dieter Braun)*
*Layout Stefan Kopanski*
*Satz Minion und Thesis Sans PostScript, QuarkXPress 4.04*
*Gesamtherstellung Clausen & Bosse, Leck*
*Printed in Germany*
*ISBN 3 499 60909 6*

*Die Schreibweise entspricht den Regeln der neuen Rechtschreibung*

Iain Galbraith • Paul Krieger

# Englisch

## in letzter Minute
## Sprachkurs für Überflieger
## Mit Audio-CD

Herausgegeben von
Christof Kehr

Rowohlt Taschenbuch Verlag

# *Inhalt*

# Vorwort

Sprachforscher schätzen, dass es auf der Erde über 4000 selbständige Sprachen gibt. Wer mehr als drei Fremdsprachen kann, der wird landläufig bewundert. Wer sich gar in mehr als zehn Fremdsprachen auszudrücken versteht, wird als Genie gehandelt. «Dem fliegt das halt zu» ist die gängige Erklärung. Doch Sprachen zu lernen ist – außer für Kinder – auch mit Arbeit verbunden. Wir glauben nicht an Zauberei beim Sprachenlernen – es sei denn, einer schnappt leicht auf und kann das Aufgeschnappte zuverlässig speichern. Der große Rest kommt um ein mehr oder minder intensives Training nicht herum.

Die **Überflieger**-Sprachführer bieten einen schnellen ersten Zugang zu anderen Kulturen. Sie vermitteln das Allerwichtigste – das, was jeder in den ersten Tagen und Wochen sagen und verstehen muss, wenn er nicht stumm, taub, misstrauisch und verunsichert durch das fremde Land schleichen möchte. Sie schleifen das notwendigste Wissen mit einer ausgefeilten Methode ein. Denn es genügt nicht, wie dies die Mehrzahl der Sprachführer tut, fertige Sätze und Wortlisten zu servieren. Die meisten Lernwilligen fühlen sich da zu Recht im Stich gelassen. Der Stoff muss gekaut und verdaut werden. Wer eine andere Sprache lernt, dem muss ein neues Wort etwa dreizehnmal begegnen, bis es in seinen aktiven Wortschatz eingeht. Den Weg dahin wollen wir für den Anfang verkürzen.

**Englisch in letzer Minute** bringt Ihnen rund 300 Wörter bei. Es stellt sie in einen Zusammenhang, sorgt durch wiederholtes Üben dafür, daß sich diese Wörter und Wendungen einprägen, und gibt darüber hinaus noch nützliche Informationen und kulturelle Tipps für den Aufenthalt in Großbritannien.

Damit keine falschen Erwartungen aufkommen: Eine richtige Zeitung zu lesen oder sich über die gesellschaftliche Rollenverteilung von Mann und Frau zu unterhalten erfordert ein Sprachvermögen, das sich erst in Monaten oder Jahren einstellt. Auch werden Sie mit diesem Buch nicht lernen, auf Englisch im Internet zu chatten. Dazu bedarf es besonderer Sprachkenntnisse.

Schlagen Sie also die erste Lektion auf, schieben Sie, wenn möglich, den Tonträger zum Buch ein und legen Sie los. Scheuen Sie sich nicht, den Stoff dreimal oder viermal durchzukauen. Und trauen Sie sich, die Aussprache etwas zu übertreiben – das hilft bestimmt.

Wenn Sie aus dem Auto, Bus, Flugzeug oder Schiff steigen, werden Sie anfangen zu verstehen und bald auch selbst verstanden werden. Viel Spaß dabei!

*Christof Kehr*

# Gebrauchsanweisung

## *Vorab*

Mit diesem Buch lernen Sie rund 300 Wörter und Wendungen, die in verschiedene Themen gepackt sind. Jedes Thema besteht aus drei Lektionen und einer Zusammenfassung zum Wiederholen und Überprüfen.

Blättern Sie das ganze Buch einmal durch und machen Sie sich den Aufbau klar:

1. Hinweise zur Aussprache
2. Fünf Themen mit fünfzehn Lektionen
3. Lösungen der Übungen und Tests
4. Kurzgrammatik
5. Wörterbuch englisch-deutsch und deutsch-englisch

## *Die Bedeutung der Zeichen*

**1–15** Diese Zahlen stehen für die einzelnen Lektionen. Planen Sie für jede Lektion einen Tag. Nach ungefähr zwei Wochen sollten Sie also den wichtigsten Lernstoff des Buches durchgearbeitet haben. Selbst wenn Sie dann nicht alles aktiv beherrschen, werden Sie das meiste doch wieder erkennen und verstehen.

Nach drei Lektionen wird das neu Gelernte vertieft, mit landeskundlichen Tipps ergänzt und abgefragt. Das (Z) steht für Zusammenfassung.

Lernen läuft nicht nur übers Lesen, sondern auch übers Hören. Was den einen Lerntyp vom anderen unterscheidet, ist die Gewichtung: mehr Lesen oder mehr Hören. Wir bieten beide Möglichkeiten, denn zum Buch gibt es einen Tonträger. So kann jeder selbst wählen, ob er Wörter und Dialoge zuerst liest oder hört. Als Hörverständnis-Training gibt es immer Übungen auch von der Audio-CD oder der Toncassette. Die Nummern geben immer die Tracknummer der Audio-CD an. Wenn Sie mit Toncassetten arbeiten, bleibt Ihnen nicht anderes übrig, als vor- und zurückzuspulen. Sie können das aber vereinfachen, indem Sie immer nullen, wenn Sie eine Übung oder einen Dialog oder die Vokabeln mehrmals hören möchten.
Wenn Sie keinen Tonträger zur Hand haben, dann treiben Sie einen Muttersprachler oder einen Sprachkundigen auf, der Ihnen korrekt vorspricht.

In den Abschnitten mit der Glühlampe finden Sie Mechanismen, nach denen bestimmte Elemente der Sprache (Verben, Mehrzahl, Artikel ...) funktionieren. Wir haben bewusst auf grammatikalischen Ballast verzichtet. Sie sollen sich hier vor allem im Kommunizieren (sich mitteilen, verstehen, in einer bestimmten Situation etwas ausdrücken ...) üben. Wer tiefer in die Grammatik einsteigen möchte, der findet im Anhang eine Übersicht der wichtigsten Regeln.

Das Koffersymbol steht für «Kulturgepäck». Gemeint ist die Alltagskultur. Hier finden Sie hilfreiche Informationen für einen Aufenthalt in Großbritannien und für den Zugang zu Land und Leuten.

## *Der Aufbau der Lektionen*

**Lesen**

Am Anfang steht ein deutscher Text zum **Lesen** mit wissenswerten Informationen rund um das Thema.

**Lernen**

Unter **Lernen** folgen die bisher unbekannten Wörter mit ihrer Übersetzung. Hören Sie sich die Wörter nach Möglichkeit auf der Audio-CD oder der Toncassette an und sprechen Sie sie nach. Wiederholen Sie das ein paar Mal, damit Sie sich die meisten Wörter einprägen.

**Reden**

Sie verstehen jetzt die neuen Wörter und nehmen sich im Abschnitt **Reden** die Dialoge vor. Kinderleicht, denn es kommt ja nichts Neues, dafür stehen die Wörter aber im Zusammenhang, gerade so, wie sie einem meist begegnen. Hören Sie die Dialoge ein paar Mal an und lesen Sie sie, prägen Sie sich dabei die Wendungen ein, die für die jeweilige Situation wichtig erscheinen.

**Üben**

Unter dem Stichwort **Üben** steht, was dieses Buch von anderen Sprachführern unterscheidet. Sie werden nicht mit Wörtern, Sätzen und Dialogen allein gelassen, sondern haben Gelegenheit, den auf das Allerwichtigste beschränkten Stoff einzuüben, geradeso wie in einem dicken Lehrbuch. Die mit einem Kopfhörer-Symbol gekennzeichneten Übungen können Sie wahlweise mit Buch oder Tonträger ausführen.

| | *Die Zusammenfassung der Themen* |
| --- | --- |
| Alle Wörter | Hier finden Sie, verschnürt in kleine Portionen zum Pauken, alle Wörter der drei letzten Lektionen, diesmal andersherum: deutsch-englisch. |
| Service | Diese Seite bietet noch einige weiterführende Informationen. |
| Prüfstand | Zum Abschluss gibt es einen Wiederholungstest, der nochmals den wichtigsten Lernstoff abfragt und einschleift. Wenn Sie gut abschneiden wollen, dann müssen Sie auch die **Lesen**-Texte am Anfang der Lektionen aufmerksam durchlesen, sie werden nämlich ebenfalls abgefragt. |

| | *Das Angebot im Anhang* |
| --- | --- |
| Kurz-grammatik | Die **Kurzgrammatik** ist für alle, die es genauer wissen wollen, die ein Minimum an Theorie brauchen, um gezielter zu lernen. Man kann hier nachschlagen, wie zum Beispiel die Mehrzahl gebildet oder ein Befehl ausgedrückt wird. Das Wichtigste an Theorie ist aber in den jeweiligen Lektionen schon erklärt. |
| Schlüssel | Der **Schlüssel** bringt die Lösungen aller Übungen und Tests und dient der Selbstkontrolle. |
| Wörterbuch | Das englisch-deutsche **Wörterbuch** enthält, über die in den Lektionen gelernten Vokabeln hinaus, unbekannte Wörter, die Ihnen auf Schildern, Speisekarten, in Zeitschriften, auf Tickets, Reklametafeln, in den Medien oder wo auch immer begegnen mögen. Im deutsch-englischen Teil können Sie alles finden, was Sie zur aktiven Verständigung brauchen. |

# Aussprache

**Diese Seiten brauchen Sie nicht zu pauken. Die Erklärungen sollen Ihnen dann helfen, wenn Sie nicht wissen, wie ein bestimmter Laut ausgesprochen wird.**

| Die Aussprache | | |
|---|---|---|
| *geschrieben* | *gesprochen* | *beachten* |
| **Kurzvokale** | | |
| map | [mäpp] | kurzes **a**, zwischen a und ä |
| help | [hälp] | wie die K**e**lten |
| hit | [hitt] | wie L**it**faßsäule |
| hot | [hott] | wie bei den H**ott**en**tott**en |
| cup | [kapp] | wie K**ap**stadt |
| **Langvokale** | | |
| father | [fahther] | wie bei Bockwurst mit S**ah**ne |
| meet | [miht] | Haben wir sie nicht, m**ie**ten wir sie. |
| too | [tuh] | T**u** das nicht! |
| **Diphthonge (zwei Vokale hintereinander)** | | |
| how, cowboy | [hau], [kaubeu] | O weh wird zu **Au**. |
| where, hair | [uäeer], [häeer] | wie F**air** Play |

| *geschrieben* | *gesprochen* | *beachten* |
|---|---|---|
| Monday | [man_dehi] | Nichts hilft, **e** und **i** müssen sich trennen. |
| I, my, high, hi!, nice | [ei], [mai], [hai], [neiss] | **Ein Ei** im H**ai** macht zw**ei** im M**ai**. |
| boy, toy | [beu], [teu] | Da fr**eu**t's **oi**nen doch! |
| tourist, sure | [tu-erist], [schur] | Eine T**our** de France ist keine K**ur**. |
| no, so, hello | [no-uh], [so-uh], [hello-uh] | Wieder müssen zwei sich trennen, armes **O** und **U**. |

**Konsonanten**

| | | |
|---|---|---|
| this, that, then | gibt's nicht | Li**th**pelt man'**th** ein wenig, kommt'**th** hin. |
| laugh, cough, bough, though, | [lahf], [coff], [bau, [tho-uh], | Ganz schön bunt! Steigen Sie dur**gh**? Es gibt keine Regel |
| rough | [raff] | |
| right, wrong | [reit], [rong] | Zungengymnastik: Die Spitze biegt sich nach hinten. |
| salt, muscle, miss | ssohllt, massle, miss | Scharfes **s** wie bei Ku**ss** |
| zoo, is | suh, is | Im Museum findet man Mona Lisa. |
| sure, sherry | schur, scherri | **Sch**on fertig. **Sch**ön. |

Noch nie wurde eine Sprache so häufig gelernt: Rund 800 Millionen Menschen sprechen heute Englisch. Auf dem europäischen Kontinent ist es für achtzig Prozent der Schüler die erste Fremdsprache. Englisch ist auch die verbreitetste Zweitsprache in bevölkerungsreichen Ländern wie China, Indien oder Japan. Das hat nicht unbedingt etwas mit einer wachsenden Begeisterung der Weltbevölkerung für «England» zu tun. Vielmehr hat sich Englisch von allen nationalen und muttersprachlichen Banden gelöst.

*Standard English*, wie die englische «Hochsprache» von Sprachwissenschaftlern meist genannt wird, ist durch und durch kosmopolitisch. Für manchen heißt diese Weltsprache daher *World English*, für andere *Anglo-American* – und ganz Gescheite wollen bereits ein *European English* gelernt haben. Dahingegen gelten solche einst mit Prestige behafteten Begriffe wie *Oxford*- oder gar *Queen's-English* längst als überholt.

Tonangebend ist heute die Vielfalt der Sprechenden: Englisch ist der interkontinentale Jargon der Handelsreisenden und Börsenmakler, das Verständigungsmittel der Fluglotsen und Piloten, der heiße Draht der Konsum- und Werbewelt, das unverzichtbare zollfreie Mitbringsel im Gepäck jedes Globetrotters und kontaktfreudigen Urlaubers. Es ist die Sprache der Hard- und Software, die Konferenzsprache der Wissenschaftler, das Verständigungsmittel im «globalen Dorf» der Polit- und Kulturszene, die begehrteste Wellenlänge des internationalen Pop-, Rock- und Mode-Business. Englisch ist wohl auch die Sprache der weltweiten Drogenmafia und Waffenschieber, und falls es eine internationale Vereinigung der Menschenfresser gibt, wird Englisch auch dort Vereinssprache sein.

Wer heute in Großbritannien unterwegs ist und die KORREKTE AUSSPRACHE ganz groß schreibt, muss wissen: Was nach allen Seiten offen bleibt, kann

# How do you do?!

## *Hallo, wie geht's?*

nicht ganz dicht sein! Will sagen: Englisch ist kein Besitztum der Briten oder gar der Engländer, und es entscheidet keine Sprachakademie oder andere Instanz darüber, was «*good*» oder «*bad English*» ist.

Besteht in Fragen der Grammatik und Rechtschreibung weltweit einigermaßen Konsens, hängt der eigentliche Klang der Sprache davon ab, wie einem der Schnabel gewachsen ist. Zu dieser «Mundart» können viele Faktoren beitragen: die soziale Herkunft, die regionale Färbung oder gar eine völlig verschiedene Muttersprache. Schließlich werden auch in Großbritannien und Irland noch andere Sprachen gesprochen: Walisisch in *Wales*, Gaelisch in den schottischen *Highlands & Islands*, Irisch in *Ireland* und – vor allem in Großstädten – *Carribbean Creole*, Chinesisch, Hindi, Farsi, Urdu, Gujarati oder Bengali.

Konkret heißt das: Wer Englisch als Muttersprache spricht, ist daran gewöhnt, verschiedene Akzente und Idiome zu hören. Umgekehrt: Wer in England, Schottland, Irland oder Wales reist, hört sich in die polyphone Klangwelt der unterschiedlichen Mundarten ein und trägt mit der eigenen Akzentuierung womöglich eine neue Melodie dazu bei.

Im Allgemeinen zeigen die Briten bewunderndes Verständnis für Fremde, die sich bemühen, Englisch zu lernen. Falls jemand auf Sie einredet wie ein Wasserfall, bitten Sie ihn ganz einfach, langsamer zu sprechen: *Slowly please!* Gelingt es Ihrem Gesprächspartner trotzdem nicht, sein Sprechtempo zu halbieren, ist es wohl an der Zeit, sich vom Ort des unergiebigen Geschehens zu entfernen: *Excuse me, I have to go now!* (Tut mir Leid, ich muss jetzt dringend gehen!)

**good morning** *guten Morgen*

**good afternoon** *guten Tag*

**good evening** *guten Abend*

**how do you do?** *angenehm!*

**hello** *hallo*

**nice to meet you** *nett, Sie kennen zu lernen*

**how are you?** *wie geht es dir?*

**I'm fine** *mir geht's gut*

**thanks** *danke*

**and you?** *und du?*

**not so bad** *nicht so schlecht*

**goodbye** *auf Wiedersehen*

**bye** *tschüs*

**see you** *bis bald*

**tomorrow** *morgen*

## Aussprache

**1.** Wörter zusammenhängend sprechen, Pause nur nach Komma oder neuem Sinnzusammenhang.
**2.** «ee» wird gesprochen wie [ih] in Miete.
**3.** «oo» spricht man mal wie [uh] in Huhn, mal etwas kürzer, etwa wie Hund.
So ist es leider – oder zum Glück – im Englischen: Regeln sind rar, was wiederum bedeutet, wenig lernt sich schneller. Garantiert!
Es heißt also *good afternoon* [gudaftenuhn] und *goodbye* [gudbei].

## Begrüßung

Trifft man sich zum ersten Mal und wird vorgestellt, so kann das recht förmlich zugehen: *how do you do?* Der andere wiederholt das dann einfach. Daneben gibt es zur Begrüßung auch das vertrautere *hello*.

Trifft man eine Person wieder, fragt man *how are you?*, hört meistens *fine, thanks* und die Frage *and you?* Worauf man erwidert *I'm fine too, thanks*.

Guten Tag!, sagt man im Englischen nicht, sondern je nach Tageszeit: *Good morning, good afternoon, good evening! Good night* heißt, jetzt wird geschlafen.

## Begrüßung – Befinden – Abschied

| | |
|---|---|
| **Good morning.** | Guten Morgen. |
| ***Good morning.*** | *Guten Tag.* |
| **Good afternoon.** | Guten Tag. |
| ***Good afternoon.*** | *Guten Tag.* |
| **Good evening.** | Guten Abend. |
| ***Good evening.*** | *Guten Abend.* |
| **How do you do?** | Angenehm. |
| ***How do you do?*** | *Angenehm.* |
| **Hello. Nice to meet you.** | Hallo. Nett, Sie kennen zu lernen. |
| ***Hello. Nice to meet you.*** | *Hallo. Nett, Sie kennen zu lernen.* |
| **Hello, Charles.** | Hallo, Charles. |
| ***Hello, Lesley.*** | *Hallo, Lesley.* |
| **How are you?** | Wie geht's? |
| ***I'm fine, thanks. And you?*** | *Danke, sehr gut. Und dir?* |
| **Not so bad, thanks.** | Nicht so schlecht, danke. |
| **Bye.** | Tschüs. |
| ***Bye. See you tomorrow.*** | *Tschüs, bis morgen.* |

## Du und Sie

Wie gut, dass es im Englischen nur die Anrede mit *you* gibt! *How are you, Fred?* entspricht eher einem Du, also «Wie geht es dir, Fred?», und *How are you, Mr Smith?* ist eindeutig «Wie geht es Ihnen, Herr Schmidt?».

## 1. Wie lautet die richtige Antwort auf

**1.** Good morning.
**a** Hello.
**b** Good morning.

**2.** How do you do?
**a** How do you do?
**b** Fine.

**3.** How are you?
**a** Good morning.
**b** Fine, thanks, and you?

**4.** Bye.
**a** Hello.
**b** Bye, see you tomorrow.

## 2. Wie heißt auf Englisch?

**1.** guten Tag **2.** wie geht's? **3.** tschüs **4.** bis morgen **5.** ganz gut
**6.** nett, Sie kennen zu lernen

## 3. Was gehört zusammen?

| | |
|---|---|
| **1.** good morning | **a** mir geht's gut |
| **2.** not so bad | **b** guten Tag |
| **3.** I'm fine | **c** angenehm |
| **4.** How do you do? | **d** nicht schlecht |
| **5.** bye | **e** tschüss |

## 4. Was sagen Sie in diesen Situationen?

**1.** Sie werden einem fremden Menschen vorgestellt. Es geht förmlich zu.
..........................................................................................

**2.** Sie betreten nachmittags ein Geschäft und begrüßen die nette Verkäuferin. ..........................................................................

**3.** Sie treffen abends vor einem Pub einen Freund, den Sie lange nicht gesehen haben. ..................................................................

**4.** Nach der Einladung. Sie werden sich morgen wiedersehen.
..........................................................................................

**5.** Sie betreten den Frühstücksraum der Pension bester Laune.
Laut und fröhlich sagen Sie: ..........................................................................

## Hello and Goodbye!

Treffen sich Briten mit Verwandten oder Freunden nach einiger Zeit wieder, wird die Freude nur selten mit überschwänglicher Gestik – Umarmungen, Küssen, Jauchzern – demonstriert. Aus der Ferne lässt sich diese anfängliche Reserve der Insulaner leicht mit Gefühlskälte verwechseln. «Reserve» hat jedoch etwas mit Haushalten zu tun: Denn wie soll eine wirkliche Liebeserklärung überzeugen, wenn schon beim bloßen Abholen vom Bahnhof alles gesagt und getan wird?

Wenngleich die Briten und Iren mit Körperkontakt eher sparsam umgehen, erlebte der Wangenkuss – in der Familie und zwischen gut befreundeten Frauen oder Frau und Mann – seit den siebziger Jahren eine gewisse Hochkonjunktur: als EG-Import vor allem aus Frankreich und Spanien. Dass sich Männer berühren, ist allerdings eine Seltenheit. Sogar sehr gut befreundete Männer vollziehen eine Umarmung, falls sie denn als unausweichlich erscheint, in großer Verlegenheit. Für alle Fälle bleibt also der Händedruck, wobei selbst dieser weniger unter Briten und Iren als unter Deutschen oder Amerikanern stattfindet. Die oft zitierte Redewendung des Engländers: *My home is my castle* (mein Heim ist meine Burg), ist vielleicht nirgends wahrer, als wenn sie sich auf die Unantastbarkeit jenes ureigensten Heimes, des Körpers, bezieht. Das ist nichts Aufgesetztes, sondern zweite Natur – oder genauer gesagt: britische Wohnkultur. Das von den Briten geschätzte Eigenheim wäre dann bereits die zweite Haut!

Wer für die Begrüßungszeremonie ein paar griffige Floskeln zur Hand hat, kommt garantiert nicht ins Stottern. «*How are you?*» ist gut, wenn man sich mindestens seit einem Tag nicht mehr gesehen hat. Mit «*Fine, thanks. And you?*» wird fast immer entgegnet. Denn nur in den seltensten Fällen erblickt man in dieser Frage die ersehnte Gelegenheit, sich detailliert über Verdauungsprobleme oder Blutdruckbeschwerden auszulassen.

**please** *bitte*

**that's me** *das bin ich*

**my name is ...** *ich heiße ...*

**are you ...?** *bist du ...?*

**German** *Deutsche(r)*

**no** *nein*

**I'm not** *bin ich nicht*

**English** *Engländer(in)*

**what?** *was?*

**your** *Ihr*

**name** *Name*

**a, an student** *ein(e) Student(in)*

**yes** *ja*

**from** *aus*

**Germany** *Deutschland*

**engineer** *Ingenieur(in)*

**where?** *wo?*

**do you work?** *arbeiten Sie?*

**in an office** *in einem Büro*

**employee** *Angestellte(r)*

**the boss** *der Chef*

**Austria** *Österreich*

**Switzerland** *Schweiz*

### *Achtung!*

Die Engländer lieben es kurz. So kann heißen:

| | |
|---|---|
| ***German*** | deutsch/Deutscher/Deutsche |
| ***English*** | englisch/Engländer/Engländerin |

### *Wichtig zu wissen*

| | | | |
|---|---|---|---|
| ***the man*** | der Mann | ***a man*** | ein Mann |
| ***the woman*** | die Frau | ***a woman*** | eine Frau |

***aber:***

**an engineer** **an employee** **an orange**

Merke: Sprechen Sie mal *an orange* und *a orange* nacheinander zusammenhängend aus. Merken Sie etwas? Es geht einfach besser mit *an*. Fügen Sie also immer bei den Wörtern, die mit Selbstlauten anfangen (*a e i o* und *u*), ein *n* an den Artikel *a*, der davor steht!

## Sich vorstellen

***Mr. King, please.*** — *Herr King, bitte.*
***That's me.*** — *Das bin ich.*

**Hello, I'm Charles King.** — Hallo, ich bin Charles King.
***Hello, my name is Dorothy Baker.*** — *Hallo, ich heiße Dorothy Baker.*

**Are you German?** — Sind Sie Deutsche?
***No, I'm not. I'm English.*** — *Nein, bin ich nicht. Ich bin Engländerin.*

**What's your name?** — Wie ist dein Name?
***My name is Paul.*** — *Mein Name ist Paul.*

**Are you from Germany?** — Bist du aus Deutschland?
***Yes, I am.*** — *Ja, bin ich.*
**Are you a student?** — Bist du Student?
***Yes, and you?*** — *Ja. Und du?*
**I'm an engineer.** — Ich bin Ingenieurin.

**Where do you work?** — Wo arbeiten Sie?
***In an office.*** — *In einem Büro.*
**Are you an employee?** — Sind Sie Angestellter?
***No, I'm the boss.*** — *Nein, ich bin die Chefin!*

### Merken Sie sich gleich: Where do you work?

Englisch ist sehr einfach. Vergessen Sie unsere schwierige deutsche Grammatik und plappern Sie drauflos. Wenn Sie Fragen stellen, denken Sie daran, wie die Kinder das Wort «tun» benutzen: Wo tust du arbeiten? Tust du Schokolade mögen?
*Do you like chocolate?* Und schon sind Sie fast perfekt!

## 1. Sagen Sie's auf Deutsch

**1.** I'm an engineer.
**2.** Are you from Switzerland?
**3.** I work in an office.
**4.** My name is Paul.
**5.** Are you a student?
**6.** Where do you work?
**7.** No, I'm not. I'm English.
**8.** Are you German?
**9.** I'm the boss.

## 2. Wie lautet die richtige Antwort?

7

**1.** Are you a student?
**a** No, I'm not.
**b** I'm from Austria.

**2.** What's your name?
**a** In an office.
**b** My name is Paul.

**3.** Where do you work?
**a** I'm the boss.
**b** In an office.

**4.** Are you German?
**a** No, I'm not. I'm English.
**b** I'm an engineer.

## 3. Rätsel

**1.** Muss viel büffeln.
**2.** Dort wird unfreiwillig, aber bezahlt, viel Zeit verbracht.
**3.** Hat Technik meistens im Kopf.
**4.** Kann manchmal viel, manchmal wenig, steht aber oben.

## 4. Sagen Sie's auf Englisch

**1.** Ich heiße.
**2.** Bist du Student?
**3.** in einem Büro
**4.** Ich bin Deutsche.
**5.** der Angestellte
**6.** Wo arbeitest du?
**7.** Ich bin der Chef.
**8.** Das bin ich.
**9.** Sind Sie aus der Schweiz?

## 5. Was fehlt hier?

**1.** Where ... you work?
**2.** Are you ... Germany?
**3.** What's ... name?
**4.** I'... from England.
**5.** You are ... employee.

**Zahlen braucht man immer!**

Telefonnummer, Preis, Datum, Uhrzeit – in fast keinem Bereich des Lebens kommt man ohne Zahlen aus. Was wäre Liverpool United gegen Bayern München ohne 2:0 für Liverpool? Oder wo bliebe das alljährliche Spektakel in Wimbledon ohne das völlig emotionslose «30:40» des Schiedsrichters im möglicherweise letzten Spiel des letzten Satzes eines spannenden Tennis-Finales?

Dabei sind die Zahlen zum Glück recht einfach, nachdem man einen winzigen Unterschied zur deutschen Zählweise begriffen hat: Im Englischen sagt man nämlich nicht «zwei-und-dreißig», sondern «dreißig-zwei»: *thirty-two.* Die Zahlen werden also in der Reihenfolge gesagt, in der sie auch auf dem Papier stehen. Zuerst kommen die Tausender, dann die Hunderter, dann die Zehner, dann die Einer: *six thousand, seven hundred and fifty-four:* 6754.

Sobald Sie 1 bis 20 parat haben, können Sie mehr oder weniger auch alles andere ableiten. Sie brauchen praktisch nur noch die zusätzlichen Zehner, und die Wörter *hundred, thousand, million* und – für die wirklich Größenwahnsinnigen – *billion!* Jetzt können Sie draufloszählen. Sie meistern die Zahlen, indem Sie eine Woche lang jede Nacht vorm Einschlafen die englischen Schäfchen zählen.

Weitere Tipps? Die Briten bündeln ihre Telefon- und Kontonummern nicht: zweiunddreißig, dreiundsechzig, fünfzehn (32-63-15). Stattdessen werden die Zahlen einfach nacheinander gesagt: *three-two-six-three-one-five.* Nur dann, wenn es eine Doppelzahl gibt, wird durch das Wort *double* ein eventuelles Missverständnis vermieden: 99 = *double nine.* Geben Sie Ihr Geburtsjahr, den Jahrgang des Weines oder das Datum an, werden *thousand* und *hundred* nicht gesagt. So heißt George Orwells Roman «1984»: *nineteen eighty-four.*

**your** *deine*

**phone** *Telefon*

**number** *Zahl*

**double** *Doppel*

**pardon?** *wie bitte?*

**passport** *Pass*

**what's the time?** *wie viel Uhr ist es?*

**it's five o'clock** *es ist fünf Uhr*

**excuse me** *Entschuldigung*

**it's** *es ist*

**a quarter to** *Viertel vor*

**past** *nach*

**what time is it?** *wie spät ist es?*

**exactly** *genau*

**in the morning** *morgens*

**in the afternoon** *nachmittags*

**at night** *nachts*

## *It's four o'clock – es ist vier Uhr*

*o'clock* hängt man nur bei den vollen Stundenangaben an. Dabei benutzen Sie die Zahlen *one* bis *twelve* und fügen dann *in the morning* oder *afternoon, evening, at night* hinzu.
Also sagen Sie für: es ist 20 Uhr – *it's eight o'clock in the evening.*

## *the numbers – die Zahlen*

**0** spricht man *oh*, jedoch ist auch das amerikanische *zero* weit verbreitet

| | | | |
|---|---|---|---|
| **1** | one | **6** | six |
| **2** | two | **7** | seven |
| **3** | three | **8** | eight |
| **4** | four | **9** | nine |
| **5** | five | **10** | ten |

Die kennen Sie sicher alle schon, also üben Sie gleich weiter:

| | | | |
|---|---|---|---|
| **11** | eleven | **16** | sixteen |
| **12** | twelve | **17** | seventeen |
| **13** | thirteen | **18** | eighteen |
| **14** | fourteen | **19** | nineteen |
| **15** | fifteen | **20** | twenty |

## Nummern und Zeiten

**Your phone number?**
***two, double three, oh, six***
**Pardon?**
***2 - 3 - 3 - 0 - 6.***

Deine Telefonnummer?
*Zwei, drei, drei, null, sechs*
Wie bitte?
*2 - 3 - 3 - 0 - 6.*

**Your passport number?**
***B, one, nine, eight, four, seven, five, nine, oh***
**Pardon?**
***Be - one - nine - eight - four - seven - five - nine - ohh!***

Nummer Ihres Passes?
*B, eins, neun, acht, vier, sieben, fünf, neun, null*
Wie bitte?
*B - 1 - 9 - 8 - 4 - 7 - 5 - 9 - 0.*

**What's the time?**
***It's five o'clock.***
**Five?**
***Oh, excuse me, it's a quarter past five.***

Wie viel Uhr ist es?
*Fünf Uhr.*
Fünf?
*Oh, Entschuldigung, Viertel nach fünf.*

**What time is it?**
***It's nine o'clock.***
**Exactly nine o'clock?**
***No, it's five to nine.***

Wie spät ist es?
*Neun Uhr.*
Genau neun Uhr?
*Nein, fünf vor neun.*

## Die Chefin ist der Boss!

Meistens hören Sie nicht am Wort, ob von einem Mann oder einer Frau gesprochen wird.
Ist von *student* die Rede, so kann damit sowohl ein Student als auch eine Studentin gemeint sein. Glückliche BritInnen, nicht wahr?

## 1. Was passt zusammen?

1. 4
2. 7
3. 10
4. 2
5. 8
6. 0

a ten
b oh
c seven
d four
e eight
f two

## 2. Betreiben Sie ein wenig Kopfgymnastik

1. eight and two is ...
2. one and four is ...
3. three and six is ...
4. two and five is ...
5. nine minus four is ...
6. seven minus three is ...
7. ten minus eight is ...

10

## 3. Richtig oder falsch nach Adam Riese?

| | r | f |
|---|---|---|
| 1. four and five is seven | | |
| 2. nine minus eight is one | | |
| 3. six minus five and three is four | | |
| 4. one and three is four | | |
| 5. seven and three is ten | | |

## 4. Sprechen Sie nach

1 - 2 - 3
3 - 2 - 1
4 - 5 - 6
10 - 9 - 8
7 - 8 - 9
6 - 7 - 8

## 5. Irgendetwas passt da nicht

1. eight, ten, well, oh
2. boss, office, employee, English
3. good evening, student, bye, hello

## 6. Rattern Sie die Telefonnummern runter

1 *5 - 3 - 5 - 9 - 8 - 7 - 6*
2. *4 - 4 - 6 - 8 - 3 - 1 - 5*
3. *3 - 5 - 7 - 7 - 1 - 2 - 6*
4. *2 - 6 - 8 - 6 - 9 - 8 - 3*
5. *1 - 7 - 3 - 5 - 2 - 9 - 4*

## Begrüßung

**hallo**
*hello*

**wie geht es dir?**
*how are you?*

**gut**
*fine*

**danke**
*thanks*

**nicht so schlecht**
*not so bad*

**angenehm**
*how do you do?*

**nett, Sie kennen zu lernen**
*nice to meet you*

**guten Morgen**
*good morning*

**guten Tag**
*good afternoon*

**guten Abend**
*good evening*

**auf Wiedersehen**
*goodbye*

**tschüs**
*bye*

**gute Nacht**
*good night*

**bis bald**
*see you*

## Sonstiges

**wie bitte?**
*pardon?*

**Entschuldigung**
*excuse me*

**bitte**
*please*

**ja**
*yes*

**nein**
*no*

**wo?**
*where?*

**um/an**
*at*

**dein/Ihr**
*your*

**genau**
*exactly*

## Geographie

**englisch/Engländer/Engländerin**
*English*

**deutsch/Deutscher/Deutsche**
*German*

**Deutschland**
*Germany*

**Schweiz**
*Switzerland*

**Österreich**
*Austria*

## Verben

**ich bin**
*I'm/I am*

**du bist**
*you're/you are*

**sind Sie?**
*are you?*

**wie ist dein Name?**
*what's/is your name?*

**ich heiße**
*my name is*

**wo arbeiten Sie?**
*where do you work?*

## Hauptwörter

**ein Ingenieur**
*an engineer*

**das Büro**
*the office*

**ein Student**
*a student*

**der Angestellte**
*the employee*

**ein Chef**
*a boss*

**der Mann**
*the man*

**eine Frau**
*a woman*

**die Nummer**
*the number*

**ein Telefon**
*a phone*

**der Pass**
*the passport*

## Uhrzeiten

**wie spät ist es?**
*what time is it?*

**es ist drei Uhr**
*it's three o'clock*

**nach**
*past*

**bis**
*to*

**Viertel**
*a quarter*

**am Morgen**
*in the morning*

**nachts**
*at night*

**morgen**
*tomorrow*

## Aussprache

| geschrieben | gesprochen | |
|---|---|---|
| 1. **«the»** | [th] | Gibt es im Deutschen nicht. Trick: Zunge hinter die oberen Schneidezähne rollen und Luft durchpressen. *Thanks!* |
| **the student** | [the s-tjuudnt] | Norddeutsche beherrschen das «s-t» von selbst. |

**2. «the»** vor Wörtern, die mit Selbstlaut beginnen:

| | |
|---|---|
| **the engineer** | [thi endschinir] |
| **the employee** | [thi emplojih] |

## Mini-Theorie

| bestimmter Artikel | unbestimmter Artikel |
|---|---|
| **the** | **a/an** |
| der, die, das, die | ein, eine, ein |

## Fünf Gramm Grammatik

***I am*** ***you are*** ***my name is***

*Am, are, is* gehören zu dem Verb *be*. So unterschiedliche Formen gibt es nur bei diesem Verb. Bei allen anderen bleibt bei «ich, du, wir, ihr, sie» alles gleich:

***also**: I work, you work, we work, they work*

**aber**: *he* (er) *works, she* (sie) *works, it* (es) *works*

Haben wir es nicht besser als jeder Engländer, der Deutsch lernen will?

## 1. Sagen Sie die Uhrzeit

*«It's ten o'clock.»*

1. zehn Uhr
2. zwölf Uhr
3. vier Uhr
4. Viertel vor elf
5. fünf vor zwölf
6. Viertel nach acht
7. zehn vor neun

## 2. Schreiben Sie die nächste Zahl

1. eleven .........
2. one .........
3. thirteen .........
4. three ..........
5. four ...........
6. nineteen .........
7. nine ...........
8. eight ..........
9. ten ..............

## 3. Zu welcher Frage gehört die Antwort?

1. No, I'm not. I'm English.
   **a** Are you the boss?
   **b** Are you German?
   **c** Where do you work?

2. It's nine o'clock.
   **a** What's the time?
   **b** Your passport number?
   **c** How are you?

3. My name is Rudi.
   **a** Are you an engineer?
   **b** Do you work in the afternoon?
   **c** What's your name?

4. Fine, and you?
   **a** How are you?
   **b** Are you from Austria?
   **c** What time is it?

5. Nine.
   **a** How do you do?
   **b** Where are you from?
   **c** Five and four is what?

## 4. Haben Sie aufgepasst?

**1.** Walisisch ist

**a** Käse aus dem Wallis.
**b** die Sprache der Queen.
**c** neben Englisch Sprache in Wales.

**2.** *Slowly please* sagen Sie, wenn

**a** Sie ein Taxi nehmen.
**b** Sie einen Engländer begrüßen.
**c** Sie nur Bahnhof verstehen.

**3.** Den netten Pensionbesitzer grüßen Sie nachmittags mit

**a** Good morning.
**b** Nice to meet you.
**c** Hello, how are you?

**4.** *Two - four - eight - double three - five* sind

**a** Ihre Glückszahlen fürs Wochenende.
**b** Zahlen, die der Pilot beim Anflug auf Gatwick nennen muss.
**c** Zahlen, die Sie hören, wenn Sie nach einer Telefonnummer fragen.

**5.** Die korrekte Aussprache des Englischen ist einfach, weil

**a** die Sprache einen geringen Wortschatz hat.
**b** Sie sie in der Schule gelernt haben.
**c** keine Instanz darüber entscheidet, was einzig richtig ist.

**6.** Das *Ti-Äidsch* spricht man im Englischen

**a** am besten gar nicht.
**b** indem man die Zunge rausstreckt.
**c** durch Abrollen der Zungenspitze hinter den oberen Vorderzähnen.

Stellen Sie sich vor, Sie sitzen im Flugzeug nach Heathrow, Gatwick oder Stansted und lesen in Ihrem Reiseführer Folgendes: «Seit dem Zeitalter des britischen Kolonialismus nahm die Größe Englands im Vergleich zu der seiner europäischen Nachbarn ständig ab.» Ob denn wenigstens genug Platz für eine ordentliche Landepiste geblieben ist, fragen Sie sich dann doch etwas besorgt! Aber ohne Scherz: Mag dieser Satz noch so irreführend sein, er weist dennoch auf etwas Wahres hin. «England» – und damit ist hier wohl *Britain* oder *the United Kingdom* gemeint, außer *England* noch *Scotland*, *Wales* und *Northern Ireland* – ist für viele Besucher von einer unbekannten, seltsam wechselhaften und daher immer wieder überraschenden «Größe». Zwar weiß man neuerdings wieder um «Britannias» führende Position in Sicherheitsbelangen Europas sowie ihre starke militärische Präsenz in Krisengebieten, dennoch scheint auf der Weltbühne von der einst mächtigen Seemacht nichts übrig zu sein als eine winzige Insel vor der europäischen Atlantikküste, die sich spätestens seit dem Bau des *Channel tunnel* ans Festland angehängt und für ihre Nachbarländer etwas zugänglicher gemacht hat. Auf der Weltkarte hingegen findet man beim genaueren Hinsehen eine Inselgruppe, deren Nord- und Südspitze – *Shetland* und *Cornwall* – so weit auseinander liegen wie Berlin und Neapel!

Die Karte im Kopf der Insulaner hat eine weitere Dimension. Wer längere Zeit auf einer – selbst kleineren – Insel gelebt hat, wird es bestätigen: Es braucht nur eine noch kleinere Insel vor der Küste zu liegen, damit man schon die eigene Insel als das Festland betrachtet. Um die topographische Vorstellung der meisten Menschen, die *in the British Isles* leben, etwas leichter zu verstehen: Fahren Sie, so kurios das klingt, nach GB nicht auf eine Insel, sondern auf das Festland! Was Sie hinter sich gelassen haben, ist etwas anderes: Manche Briten nennen es *the continent*, noch andere *Europe*. Und überhaupt: Wer käme denn auf die Idee, Australien, das von noch so viel Wasser umgeben sein mag, als eine Insel zu bezeichnen?

# On the road

## Unterwegs

Trotz aller Bemühungen zur Dezentralisierung bleibt die Metropole eine Art Insel für sich. Für viele Londoner gehören Glasgow oder Inverness in Schottland – von Belfast in Nordirland erst gar nicht zu reden! – anderen, fernen Welten an. Entfernungen, etwa zwischen der Küstenstadt Dover im Süden und Durham im Norden Englands oder der walisischen Hauptstadt Cardiff, sollten Sie nicht unterschätzen. Es wäre allerdings ebenso verkehrt, ließen Sie sich von der irrigen Vorstellung langer, übermäßig teurer oder unbequemer Binnenreisen abschrecken. Beispielsweise dauern die über 500 Kilometer im Zug zwischen London und Edinburgh längst nicht mehr einen ganzen Tag, sondern gerade mal noch viereinhalb Stunden – ein Katzensprung!

Der Ausbau einer touristischen Infrastruktur wurde vor allem in den letzten zwanzig Jahren zu einem wichtigen, für manch ärmere Region sogar überlebenswichtigen Wirtschaftsfaktor. So ist es heute möglich, die entlegensten Gegenden der Britischen Inseln zu erreichen: *by car* (mit dem Auto), *by coach* (mit dem Reisebus), *by train* (mit dem Zug), *by ferry* (mit der Fähre – wenn Sie zum Beispiel nach Irland oder auf eine der fast 800 schottischen Inseln übersetzen) oder *by plane* (mit dem Flugzeug). Übrigens: Die kürzeste planmäßige Flugverbindung der Welt, mit kaum mehr als einer Minute zwischen Abflug und Landung, finden Sie im Norden zwischen zwei der kleineren Orkneyinseln. Und die größte der Orkneyinseln heißt doch tatsächlich *Mainland* (Festland)!

**room** *Zimmer*

**single room** *Einzelzimmer*

**double room** *Doppelzimmer*

**with private bathroom** *mit Bad*

**without bathroom** *ohne Bad*

**I'd like** *ich hätte gern*

**or** *oder*

**madam** *die Dame*

**shower** *Dusche*

**for** *für*

**how many?** *wie viele?*

**sir** *der Herr*

**how much?** *wie viel*

**per person** *pro Person*

**breakfast** *Frühstück*

**of course** *natürlich*

**all right** *in Ordnung*

**I'll** *ich werde*

**take** *nehmen*

**here you are** *bitte sehr*

**signature** *Unterschrift*

**here are the keys** *hier sind die Schlüssel*

**thank you** *danke sehr*

## *Es geht auch kurz*

Die Engländer drücken sich gern so kurz wie möglich aus. So machen sie aus zwei Wörtern gerne eins. Sie kennen bereits *I'm*. Zwei weitere Formen:

**I'd like a key**. Ich hätte gern einen Schlüssel.
**I'll see you tomorrow**. Ich werde dich morgen sehen.

| kurz | lang | deutsch |
|---|---|---|
| **I'd like** | **I would like** | ich hätte gern |
| **I'll** | **I will** | ich werde |

## *Mini-Theorie: I'd like ...*

*I'd like* bedeutet «ich hätte gern ...». Sie benutzen es immer dann, wenn Sie etwas möchten. Vergessen Sie aber nicht, das *please* anzuhängen.

**I'd like a room, please.** Ich hätte gern ein Zimmer.
**I'd like a double, please.** Ich hätte gern ein Doppelzimmer.

## *Im Hotel*

**I'd like a room, please.** — Ich hätte gern ein Zimmer.
***A single room or a double room, madam?*** — *Einzel- oder Doppelzimmer, die Dame?*
**A single please.** — Ein Einzelzimmer bitte.
***With or without private bathroom?*** — *Mit oder ohne Bad?*
**With, please.** — Mit, bitte.

**Good afternoon, I'd like a room.** — Guten Tag, ich hätte gern ein Zimmer.
***For how many nights?*** — *Für wie lange?*
**For one night, please.** — Für eine Nacht bitte.
***Single or double room, sir?*** — *Einzel- oder Doppelzimmer, der Herr?*
**A double, with shower, please.** — Ein Doppelzimmer mit Dusche bitte.

**How much is it?** — Wie viel kostet es?
***Twenty pounds per person.*** — *Zwanzig Pfund pro Person.*
**With breakfast?** — Mit Frühstück?
***Yes, of course.*** — *Ja, natürlich.*
**All right, I'll take it.** — In Ordnung, das nehme ich.

**Your passport, please.** — Ihren Pass bitte.
***Here you are.*** — *Bitte sehr.*
**Your signature, please.** — Ihre Unterschrift, bitte.

**Here are the keys.** — Hier sind die Schlüssel.
***Thank you.*** — *Danke.*

## 1. Formulieren Sie die Frage nach dem Preis

«How much is *a room?*»

**1.** room
**2.** single room with private bathroom
**3.** double room without bathroom
**4.** a taxi to Oxford Street
**5.** the breakfast

## 2. Was passt zusammen?

| | |
|---|---|
| **1.** a double | **a** the keys |
| **2.** without | **b** room |
| **3.** how much | **c** to Heathrow |
| **4.** here are | **d** is it? |
| **5.** a taxi | **e** private bathroom |

## 3. Die richtige Antwort, a oder b?

| | |
|---|---|
| **1.** Single or double? | **a** Double.<br>**b** Without shower. |
| **2.** How much is it? | **a** For three nights.<br>**b** Eighty pounds. |
| **3.** Your signature, please. | **a** With an extra bed.<br>**b** Here you are. |
| **4.** For how many nights? | **a** For ten nights.<br>**b** With breakfast. |
| **5.** I'd like a room. | **a** Single or double?<br>**b** Here you are. |

## Unterwegs im Land

Am schnellsten geht es auf längeren Strecken *by plane*. Damit sind Sie zwar rasch am Ziel, zahlen aber mehr Geld und bekommen von der schönen Landschaft gar nichts mit. Zwischen den meisten Großstädten gibt es einen regelmäßigen *shuttle service* (Pendelverkehr). Diese Flüge brauchen Sie nicht unbedingt im Voraus zu reservieren, sondern Sie kaufen ein Ticket direkt vor dem Start: *turn up and take off* (auftauchen und losstarten)! Sie können allerdings viel sparen, wenn Sie im Voraus buchen – *book in advance*.

Am bequemsten reist man *by train*. Den Touristen-Spartarif *BritRail-Flexipass* bekommen Sie aber nur außerhalb von GB. Ansonsten erkundigen Sie sich am Schalter nach anderen *savers* (Spartarifen). *Savers* und *supersavers* gelten in der Regel für Hin- und Rückfahrt.

Am günstigsten und dabei gar nicht so unbequem reisen Sie *by bus* – auch *coach* genannt. Mit dem Bus zahlen Sie zwar nur die Hälfte, sind aber doppelt so lang unterwegs wie im Zug. Zwischen Großstädten bieten mehrere Busunternehmer durchgehende Express-Verbindungen an. Fragen Sie auch hier nach Ermäßigungen. Auf manchen Strecken ist eine Rückfahrkarte kaum teurer als die einfache Fahrt.

Am einfachsten, wenn auch am einsamsten, ist das Reisen *by car*. Das Linksfahren ist gar nicht so abenteuerlich, wie manche fürchten. Wer mindestens seit einem Jahr einen Führerschein hat, kann einen Wagen mieten. Falls Sie jedoch nur London besuchen, verzichten Sie lieber aufs Auto, es sei denn, Sie stehen gerne im Stau.

Am praktischsten ist in der Metropole London *the tube* – die U-Bahn. Besonders bequem ist sie in der *rush hour* leider nicht. Wem es zu eng wird, der nehme ein *cab* (Taxi). Damit kommen Sie recht schnell voran, weil der Fahrer jeden Schleichweg kennt.

**to** *zu*

**station** *Bahnhof*

**sorry** *tut mir Leid*

**tube** *Londoner U-Bahn*

**easy** *einfach*

**follow** *folgen*

**signs** *Schilder*

**which line?** *welche U-Bahn-Linie?*

**then** *dann*

**change** *umsteigen*

**to** *nach*

**where to?** *wohin?*

**certainly** *in Ordnung*

**ticket** *Fahrkarte*

**there you are** *bitte sehr*

**return** *hin und zurück*

**platform** *Bahnsteig*

**when?** *wann?*

**does** *er tut*

**leave** *abfahren*

**right now** *gerade jetzt*

**at four thirty** *um vier Uhr dreißig*

### *Es*

**It** benutzt man für Sachen, gleich ob männlich oder weiblich.
*My car? It's in the garage.*

### *Die Mehrzahl*

Sie wird gebildet, indem man ein «s» anhängt.

| | | | |
|---|---|---|---|
| a tourist | **two** tourists | how many tourists? | wie viele Touristen? |
| a car | **three** cars | how many cars? | wie viele Autos? |

Wörter auf -s erhalten ein -es:

| | | | |
|---|---|---|---|
| a bus | **two** buses | how many buses? | wie viele Busse? |

Keine Regel ohne Ausnahme:

| | | |
|---|---|---|
| the man | the m**e**n | die Männer |
| the woman | the wom**e**n [wimen] | die Frauen |

## Unterwegs

| | |
|---|---|
| **Excuse me, to the station, please?** | Entschuldigung, zum Bahnhof bitte? |
| ***Sorry, I'm not from here.*** | *Tut mir Leid. Ich bin nicht von hier.* |
| **Excuse me, to the tube, please?** | Entschuldigung, zur U-Bahn bitte? |
| ***Oh, that's easy. Follow the signs.*** | *Das ist einfach. Folgen Sie den Schildern.* |
| **Which line for King's Cross?** | Welche Linie fährt nach King's Cross? |
| ***Take the Piccadilly line to Leicester Square.*** | *Nehmen Sie die Piccadilly-Linie bis Leicester Square.* |
| **And then?** | Und dann? |
| ***Change to the Northern line.*** | *Steigen Sie in die Northern-Linie um.* |
| **Thank you.** | Danke. |
| ***Bye.*** | *Tschüs.* |
| **Taxi!** | Taxi! |
| ***Hello, where to?*** | *Hallo, wohin?* |
| **The station, please.** | Zum Bahnhof bitte. |
| ***Yes, certainly.*** | *Ja, in Ordnung.* |
| ***Four tickets to Oxford, please.*** | *Vier Fahrkarten nach Oxford bitte.* |
| **Single or return?** | Einfach oder hin und zurück? |
| ***Single.*** | *Einfach.* |
| **There you are.** | Bitte sehr. |
| **Excuse me, the train to Oxford, please.** | Entschuldigung, der Zug nach Oxford bitte? |
| ***Platform three.*** | *Bahnsteig 3.* |
| **When does it leave?** | Wann fährt er ab? |
| ***Right now, at four thirty.*** | *Gerade jetzt, um 4.30 Uhr.* |
| **Oh no!** | O nein! |

## 1. Üben Sie sich an der Mehrzahl

**1.** a train
**2.** a bus
**3.** an hour
**4.** a ticket
**5.** an employee
**6.** a bath

## 2. Sie sind am Fahrkartenschalter: Lösen Sie Ihre Karte, aber laut

«*Three* tickets to *Newcastle*, please.» 16

**1.** 3 Newcastle **2.** 1 Cambridge **3.** 2 Ramsgate **4.** 7 Edinburgh
**5.** 4 Glasgow

## 3. Wie lautet die richtige Antwort?

**1.** Where's the bus station, please?
**a** Sorry, I'm not from here.
**b** Return.

**2.** Single or return?
**a** Right now, at five seventeen.
**b** Single.

**3.** When does the train leave?
**a** In ten minutes.
**b** An hour.

**4.** Which line?
**a** The Northern.
**b** Five minutes.

**5.** The train to Glasgow, please?
**a** Platform six.
**b** To Leicester Square.

## 4. Wie heißt das auf Englisch?

**1.** Zum Bahnhof, bitte.
**2.** Dann steigen Sie um!
**3.** Tut mir Leid.
**4.** Wo ist die U-Bahn?
**5.** Zwei Fahrkarten nach Edinburgh bitte.
**6.** Gleis drei.
**7.** Hin und zurück.
**8.** Wann fährt er ab?

## Unterkommen

Einer neueren Statistik der britischen Regierung zufolge gibt es jedes Jahr etwa 90 Millionen so genannter «Besucherübernachtungen» in England. Knapp zwanzig Millionen der Besucher kommen aus dem Ausland. Die meisten von ihnen machen sich erst mal auf die Suche nach dem bequemen, ruhig gelegenen, möglichst preiswerten Bett. Keine Bange! Die Botschaft der Statistiker lautet: Wer sucht, der findet.

Aber wo? Und vor allem: Wie? Wo sind Sie denn gerade angekommen? Am Bahnhof? Am Flughafen? Oder sind Sie gerade aus dem Bus gestiegen – etwa auf dem Marktplatz eines kleinen Städtchens irgendwo im Hinterland? Dann lohnt es sich, zum örtlichen *Tourist Information Centre* zu laufen – das ist selten weit entfernt. Dort bekommen Sie Auskunft über *hotels*, Pensionen, *guesthouses*, Privatpension mit Frühstück, *bed and breakfast* (einfach «*B&B*» genannt, gesprochen: bih änd bih), Chalets für Selbstversorger, *self-catering cottages*, oder auch über den nächsten *camping place*. Gegen eine geringe Buchungsgebühr wird Ihre Bleibe für die Nacht – und auch für die nächste – gebucht. Die Devise heißt: *Book-a-bed-ahead!* – Buchen Sie ein Bett im Voraus!

Vorausreservieren empfiehlt sich vor allem in den Sommermonaten, aber Sie können es auch ohne probieren. Sie fahren die Landstraße entlang, Sie finden ein B&B-Schild, Sie klopfen an die Tür: Ein pfeifeschmauchender Brite macht auf, eine Katze huscht vor seinen Füßen aus dem Hausflur und verschwindet irgendwo hinter den Rosensträuchern im Vorgarten. Sie fragen nach einem Zimmer, der Mann lächelt Sie freundlich an, und ohne die Pfeife aus dem Mund zu nehmen, murmelt er etwas, wovon Sie noch nicht einmal die Hälfte verstehen. Irgendwie – vielleicht half eine Hand- oder Kopfbewegung – begreifen Sie trotzdem das Wichtigste: Alle Zimmer schon belegt. Pech gehabt. Aber was soll es, B&Bs gibt es viele, und gegen Katzen sind Sie sowieso allergisch.

*Bed and breakfast* ist wohl die beliebteste und preiswerteste Unterkunft. Für rund zwanzig Pfund pro Übernachtung und Frühstück sind Sie dabei. Außerdem erfahren Sie etwas über die Lebensverhältnisse der Menschen im Lande. Und es ist überall zu finden: Fast jedes Dörfchen hat sein B&B. Übrigens: bei Preisangaben für Unterkunft ist schon die Mehrwertsteuer *VAT* enthalten!

17

**cottage** *Ferienhäuschen*

**six hundred** *600*

**month** *Monat*

**week** *Woche*

**there's/there is** *es gibt*

**express** *Schnellzug*

**arrive** *ankommen*

**take off** *starten*

**noon** *12 Uhr mittags*

**get to** *ankommen*

**perfect** *perfekt!*

**ninety-eight** *98*

**stop** *halten*

**direct bus** *Schnellbus*

**late** *spät*

### *Zweimal «es gibt»*

| | |
|---|---|
| **There is a bus to Leeds.** | Es gibt einen Bus nach Leeds. |
| **There are two buses to Manchester.** | Es gibt zwei Busse nach Manchester. |

«Es gibt» heißt also:

1. *there is* in der Einzahl
2. *there are* in der Mehrzahl

### *Richtig fragen*

| | | |
|---|---|---|
| **I get** | do I get? | bekomme ich? |
| **you get** | do you get? | bekommst du? |
| **he gets** | does he get? | bekommt er? |
| **we get** | do we get? | bekommen wir? |

Sie sehen, aus *I get* wird die Frage *do I get?* Beachten Sie aber: bei *he, she, it* wird das *do* zum *does*. Etwa: *does it stop? does he leave? does she arrive?*

## *Im Reisebüro*

| | |
|---|---|
| **How much is the cottage?** | Wie viel kostet das Ferienhäuschen? |
| ***Three hundred pounds.*** | *300 Pfund.* |
| **Per month?** | Pro Monat? |
| ***No, per week of course.*** | *Nein, natürlich pro Woche.* |
| **Thank you, goodbye.** | Danke, auf Wiedersehen. |
| | |
| **To Edinburgh, please.** | Nach Edinburgh bitte. |
| ***There's a train at a quarter to eleven.*** | *Es gibt einen Zug um Viertel vor elf.* |
| **Is it an express?** | Ist es ein Schnellzug? |
| ***Yes, it is.*** | *Ja.* |
| **When does it arrive?** | Wann kommt er an? |
| ***At three twenty.*** | *Um 3.20 Uhr.* |
| **In the morning?** | Morgens? |
| ***In the afternoon, of course!*** | *Nachmittags natürlich!* |
| | |
| **When does the plane take off?** | Wann startet das Flugzeug? |
| ***At noon.*** | *Um 12 Uhr.* |
| **When does it get to Frankfurt?** | Wann kommt es in Frankfurt an? |
| ***At one thirty.*** | *Um 1.30 Uhr.* |
| | |
| **To Aberdeen, please.** | Nach Aberdeen, bitte. |
| ***There's a bus at two o'clock.*** | *Es gibt einen Bus um zwei Uhr.* |
| **Perfect. Two tickets, please.** | Perfekt! Zwei Fahrkarten bitte. |
| ***That's thirty pounds.*** | *Das macht dreißig Pfund.* |
| **Does it stop in Perth?** | Hält er in Perth? |
| ***No, it's a direct bus.*** | *Nein, es ist ein Schnellbus.* |
| **When does it get to Aberdeen?** | Wann kommt er in Aberdeen an? |
| ***At eleven fifteen.*** | *Um 11.15 Uhr.* |
| **Oh, that's late!** | Das ist aber spät! |

## 1. Fragen Sie nach dem Preis

«How much is *a double room for three nights*?»

19

1. a double room for three nights
2. a ticket to Norwich
3. a single room without private bathroom
4. a taxi to Oxford street
5. the bus to Gatwick

## 2. -s oder -es in der Mehrzahl?

1. three phone number...
2. two bus...
3. four room...
4. eighteen night...
5. seventy-five key...
6. twenty shower...
7. fifty church...
8. sixty ticket...
9. eleven plane...

## 3. Sagen Sie, wann der Zug abfährt

«The train leaves at *eight forty-five*.»

1. 8.45
2. 4.50
3. 11.00
4. 7.30
5. 9.00
6. 5.10
7. 12.15
8. 10.20
9. 15.40

## 4. Rätsel

1. Auf den Schienen ist er am schnellsten: ....................
2. Zu zweit auf Reisen braucht es welches Hotelzimmer: ....................
3. Ins Hotelzimmer kommen wir ohne ihn nicht hinein: ..................
4. Fördert die Sauberkeit und das Wohlbefinden ohne langes Wassereinlaufenlassen: ..........................
5. Fühlt sich im Himmel wohler als auf der Erde: ......................

## Unterkunft

**Zimmer**
*room*

**Einzelzimmer**
*single room*

**Doppelzimmer**
*double room*

**mit Bad**
*with private bathroom*

**ohne Bad**
*without bathroom*

**Frühstück**
*breakfast*

**Dusche**
*shower*

**Unterschrift**
*signature*

**Ferienhaus**
*cottage*

**Schlüssel**
*key*

**für wie viele Nächte?**
*for how many nights?*

**Woche**
*week*

## Zeiten und Zahlen

**600**
*six hundred*

**pro Monat**
*per month*

**12 Uhr mittags**
*noon*

**gerade jetzt**
*right now*

**98**
*ninety-eight*

**um vier Uhr dreißig**
*at four thirty*

## Verben

**ich hätte gern**
*I'd like*

**ich nehme es**
*I'll take it*

**starten**
*take off*

**es gibt**
*there's/there is*

**hinkommen**
*get to*

**ankommen**
*arrive*

**halten**
*stop*

**folgen**
*follow*

**umsteigen**
*change*

**abfahren**
*leave*

**er tut**
*he does*

## Transport

**Schnellzug**
*express*

**wann?**
*when?*

**Schnellbus**
*direct bus*

**Zug**
*train*

**zu**
*to*

**Bahnhof**
*station*

**Londoner U-Bahn**
*tube*

**Schilder**
*signs*

**welche U-Bahn-Linie?**
*which line?*

**wohin?**
*where to?*

**Bahnsteig**
*platform*

**Fahrkarte**
*ticket*

**einfach**
*single*

**hin und zurück**
*return*

## Sonstiges

**in Ordnung**
*all right*

**oder**
*or*

**die Dame**
*madam*

**der Herr**
*sir*

**danke sehr**
*thank you*

**natürlich**
*of course*

**wie viel kostet das?**
*how much is it?*

**perfekt**
*perfect*

**das macht**
*that's*

**spät**
*late*

**einfach**
*easy*

**tut mir Leid**
*I'm sorry*

**für**
*for*

**bis**
*until*

**dann**
*then*

**in Ordnung**
*certainly*

### *So kommt man rum*

| | |
|---|---|
| **by plane** | mit dem Flugzeug |
| **by train** | mit dem Zug |
| **by coach** | mit dem Reisebus |
| **by car** | mit dem Auto |
| **by bike** | mit dem Fahrrad |
| **on foot** | zu Fuß |

### *rooms*

| | |
|---|---|
| **a single room** | Einzelzimmer |
| **a double room** | Doppelzimmer |
| **a twin** | Zweibettzimmer |
| **with private bathroom** | mit Bad |
| **with en-suite facilities** | mit Bad |
| **without bathroom** | ohne Bad |
| **extra bed** | Extrabett |

### *Höflichkeit*

Die Höflichkeit der Briten ist kein Märchen. In Großbritannien geht man, außer bisweilen beim Besuch von Fußballspielen, sehr höflich miteinander um. Man spricht jemanden immer mit *please* oder *excuse me* an. Sollten Sie in der *tube* einem typischen Briten auf dem Fuß stehen, so bekommen Sie garantiert in aller Freundlichkeit zu hören: *Excuse me, madam, you are standing on my foot.*

## 1. Übersetzen Sie und fragen Sie nach dem Preis

«How much is *a single room?*»

**1.** Einzelzimmer **2.** Doppelzimmer **3.** Ferienhaus **4.** Taxi nach Oxford **5.** Fahrkarte nach Norwich **6.** Schnellbus nach Edinburgh **7.** U-Bahn nach Heathrow

## 2. Wie heißt das auf Englisch?

**1.** die Schlüssel ..................
**2.** mit Bad ............................
**3.** das Frühstück ...................
**4.** die U-Bahn .....................
**5.** der Reisebus ...................
**6.** der Zug ..................
**7.** Zweibettzimmer .......... ......
**8.** mit Dusche .........................
**9.** Extrabett ...............

## 3. Zu welcher Frage gehört die Antwort?

**1.** For a week.

**a** How much is it?
**b** For how many nights?
**c** With breakfast?

**2.** The Northern line.

**a** Which line?
**b** Single or return?
**c** When does it leave?

**3.** At five thirty.

**a** Where to?
**b** The train to Glasgow, please.
**c** When does it leave?

**4.** That's thirty pounds.

**a** How much is the room?
**b** When does it get to Aberdeen?
**c** In the morning?

## 4. Haben Sie aufgepasst?

**1.** *B&B* bedeutet:

**a** Hier pflegte Brigitte Bardot abzusteigen.
**b** Hier sollte man schnell weiterfahren.
**c** Hier finden Sie eine preiswerte Übernachtungsmöglichkeit, Frühstück eingeschlossen.

**2.** Den günstigen *BritRail-Flexipass*

**a** müssen Sie in London am Schalter erwerben.
**b** finden Sie unter dem Kopfkissen Ihrer *accommodation*.
**c** kaufen Sie bereits zu Hause.

**3.** Das Wort *it* benutzen Sie

**a** für Personen, die Sie nicht kennen.
**b** für Dinge.
**c** um die Mehrzahl auszudrücken.

**4.** *By coach* heißt:

**a** Sie fahren mit einem Reisebus.
**b** Hier werden Sie auf Franz Beckenbauer treffen.
**c** Hier liegen Sie richtig.

**5.** Die Höflichkeit der Briten ist zu erkennen an

**a** ihrem körperbetonten Umgang miteinander.
**b** Wörtern wie *please, excuse me*.
**c** dem freudigen Klatschen in Wimbledon.

**6.** Einen Mietwagen bekommen Sie nur,

**a** wenn Sie im Stau stehen wollen.
**b** wenn Sie seit einem Jahr den Führerschein haben.
**c** wenn Sie alle Schleichwege kennen.

**B**lättern Sie ruhig mal in Rüdigers Reisejournal: «2. Tag. Ort: Knaresborough, malerisches Städtchen in Nordengland. Uhrzeit: fünf Uhr abends. *Time for tea!* Im Café: Wollten wissen, was es mit dem englischen *five o'clock tea* auf sich hat. Scheint hier aber niemand zu wissen. Kellnerin: ‹*Tea? yes*›, ‹*high tea?*› auch ‹*yes*›, aber ‹*five o'clock tea?*› – ‹*no*›, dazu Achselzucken, Stirnrunzeln, Blicke auf die Uhr. Verständigten uns mit ihr dann wenigstens auf einen Pott Tee: Teebeutel? In England? Na so was! Dennoch: sehr erfrischend. *Cakes* sind keine Kekse, wie wir dachten, sondern kleine Kuchen. *Scones* und *pancakes* sind exquisites englisches Teegebäck. Dazu passen *butter* oder *cream* (frische Sahne) und *strawberry jam* (Erdbeermarmelade). Diät also jetzt schon hin, neue Hose voll roter Kleckser. Trotzdem: wahnsinnig gut! Auf dem Tisch stand eine Schüssel mit irgendwelchem weißen Glitschzeugs drin. Gaby schaute etwas verstört drein, als sie sich den Pamps unter die Nase hielt: ‹Igitt! Was'n das für 'ne Schmierage, Rüdiger?›, frug sie. Mir kam der Geruch irgendwie bekannt vor. Die Kellnerin klärte uns auf: Meerrettichsauce für *roast beef and Yorkshire pudding*. Was? Pudding zum Roastbeef? Roastbeef zum Tee? Ist wohl das, was die Engländer mit *high tea* meinen: Ein Abendessen – *fish* oder *scrambled eggs on toast* (Rühreier auf Toast), Roastbeef oder sonst was Gekochtes – nur eben zwischen fünf und sieben Uhr. Tee, Gebäck & Kuchen gehören anscheinend auch dazu. Die englischen Herrschaften am Nebentisch, die zum Tee *bacon* (Schinken), *eggs* (Eier), *tomatoes* (Tomaten), *mushrooms* (Pilze) und *black pudding* (Blutwurst) wegputzten, bekamen leider mit, wie Gaby über ‹ihre› heilige *horseradish sauce* die Nase rümpfte. Und schon ging es los: ‹Wie haben sie dich denn in Deutschland behandelt?›, fragte der eine. ‹Erbärmliches Essen›, erwiderte eine andere. ‹Die Deutschen essen so furchtbar fett›, fuhr sie fort, derweil sie mit delikater Miene ein Stück ausgelassenen triefenden Schweinespeck auf die Gabel spießte und in den Mund schob. ‹*These Germans, they only eat shnitsel, shnitsel, shnitsel.*›»

Traditionell witzeln Briten gerne über die Essgewohnheiten der Deutschen. Umgekehrt aber genauso: Für viele Deutsche fällt ein Urteil des Schriftstellers Somerset Maugham über die englische Küche wahrscheinlich sogar viel zu po-

# Eating out!

*Essen gehen*

sitiv aus: «Wenn man in England gut essen will, sollte man dreimal täglich frühstücken.»

«Zuerst kommt das Frühstück, dann kommt das Geschäft», schrieb der große englische Romancier William Makepeace Thackeray: Wohl spricht daraus die Erkenntnis, dass man allein durch feste Prioritätensetzung etwas im Leben erreicht! Wer morgens also jenes legendäre *English breakfast* verzehrt, das in Hotels und Pensionen landauf, landab serviert wird, der hat wahrscheinlich besonders viel vor! Oder weiß er vielleicht ganz einfach nicht, wann er wieder mal etwas zu essen bekommt?

Wie erklärt es sich sonst, daß der Urlaubsgast nach Muesli, Cornflakes oder dem typisch schottischen *porridge*, der Hafergrütze, über einen zweiten Gang herfällt, der mit knusprigem Schinken, Spiegeleiern, Tomaten und Würstchen den Kalorienbedarf der meisten Menschen für einen ganzen Tag abdecken würde? Statt eines Grilltellers hätte er natürlich auch einen gedünsteten oder gebackenen Räucherhering bestellen können: *a kipper*, eine echte Köstlichkeit! Aber den Hering kann er sich auch morgen gönnen, wenn er nicht doch mal was Kleineres vorzieht, wie *poached eggs on toast*: verlorene Eier – wieder gefunden auf Toast! Denn schließlich muss er sich ja für den süßen Teil seines Frühstücks auch etwas Platz lassen: Toast mit Salzbutter und *marmalade* – einer Orangen- oder Zitronenmarmelade, die morgens besonders belebend wirkt.

Den Luxus des *English breakfast* erlaubt sich übrigens nur jeder elfte Brite. Stattdessen gibt es meist *cornflakes* und *toast and marmalade*, dazu eine Tasse Tee oder Kaffee. Das hängt wohl damit zusammen, dass heute erstaunlich viele, vor allem jüngere Briten Vegetarier sind, aber auch damit, dass die stressige Arbeitswelt ein solch ausgiebiges Frühstück höchstens am Wochenende zulässt.

Wer also seinen Urlaub in Großbritannien genießen will, der lasse sich fürs Frühstück Zeit. Wer kein *cooked*-Frühstück möchte, fragt nach einem *continental breakfast* aus Brötchen, Marmelade und Kaffee oder Tee. Grundsätzlich gilt: Man bekommt, was man will, wenn man danach fragt! *I only want an apple this morning, please!* – Heute morgen möchte ich nur einen Apfel!

## *Apropos wörtlich*

**I'd like to**

| | |
|---|---|
| **I'd like to pay.** | Ich möchte zahlen. |
| **I'd like to drink a coffee.** | Ich möchte einen Kaffee trinken. |

*I'd like an orange juice* kennen Sie bereits. Wenn Sie etwas trinken möchten, dann vergessen Sie nicht das kleine Wort *to* vor dem *drink*.

**continental** *kontinental*

**cooked breakfast** *warmes Frühstück*

**bacon and eggs** *Schinken und Spiegeleier*

**sausages** *Bratwürstchen*

**some** *etwas*

**tea** *Tee*

**eat** *essen*

**have** *haben*

**toast** *Toast*

**bread** *Brot*

**rolls** *Brötchen*

**butter** *Butter*

**marmalade** *Zitrusfrucht-Marmelade*

**left** *übrig*

**anything** *irgendetwas*

**else** *noch*

**drink** *trinken*

**coffee** *Kaffee*

**glass** *Glas*

**milk** *Milch*

**waitress** *Kellnerin*

**waitress** *Fräulein*

**just** *nur*

**I'm coming** *ich komme*

**can** *kann*

**more** *mehr*

**pay** *bezahlen*

20

## *Zauberfrage: What about breakfast?*

*What about ...* – «Wie wär's mit ...» – eröffnet Ihnen ungeahnte Dimensionen der Kommunikation. Möchten Sie etwas vorschlagen, ein gemeinsames Frühstück vielleicht, so machen Sie es folgendermaßen:

| | |
|---|---|
| **How about breakfast?** | Wie wär's mit Frühstück? |
| **How about some wine?** | Wie wär's mit Wein? |

## *Etwas vorhaben*

| | |
|---|---|
| **We'll have coffee.** | Wir nehmen Kaffee. |
| wörtlich: | Wir werden Kaffee haben. |
| **I'll be with you in a minute.** | Ich bin gleich da. |
| wörtlich: | Ich werde mit Ihnen sein. |
| **She'll drink tea.** | Sie trinkt Tee. |
| wörtlich: | Sie wird Tee trinken. |

Vergessen Sie die wörtliche deutsche Übersetzung, und benutzen Sie diese Form mit *'ll* immer, wenn Sie von etwas sprechen, was Sie vorhaben.

## Beim Frühstück

| | |
|---|---|
| Good morning. | Guten Morgen. |
| *Morning, madam. Breakfast?* | *Morgen, Madam. Frühstück?* |
| Yes, please. | Ja, bitte. |
| *Cooked or continental breakfast?* | *Warmes oder kontinentales Frühstück?* |
| A cooked breakfast? What's that? | Ein warmes Frühstück? Was ist das? |
| *Well, bacon and eggs, sausages ...?* | *Nun, Ei mit Schinken, Würstchen ...?* |
| Oh no! I'd like some tea, please. | O nein! Ich hätte gern etwas Tee, bitte. |
| *And to eat? Toast, bread, rolls?* | *Und zu essen? Toast, Brot, Brötchen?* |
| I'll have toast, butter and marmalade. | Ich nehme Toast, Butter und Marmelade. |
| *Oh, I'm sorry, there is no marmalade left.* | *Oh, tut mir Leid, es ist keine Marmelade mehr da.* |
| What would you like for breakfast? | Was hätten Sie gern zum Frühstück? |
| *An orange juice, please.* | *Einen Orangensaft bitte.* |
| Anything else? | Noch etwas? |
| *Of course! Bacon and eggs and toast.* | *Natürlich! Schinken und Eier und Toast.* |
| And to drink? Coffee or tea? | Und zu trinken? Kaffee oder Tee? |
| *No, a glass of milk, please.* | *Nein, ein Glas Milch bitte.* |
| Excuse me! | Entschuldigung! |
| *Just a moment, sir.* | *Einen Augenblick, Sir.* |
| Waitress!! | Kellnerin!! |
| *I'm coming.* | *Ich komme schon.* |
| Can I have some more coffee, please? | Kann ich bitte noch etwas Kaffee haben? |
| *Certainly.* | *Selbstverständlich.* |
| I'd like to pay, please. | Ich würde gern zahlen. |
| *I'll be with you in a minute.* | *Ich werde gleich bei Ihnen sein.* |
| How much is it? | Wie viel macht es? |
| *That's fifteen pounds.* | *Das sind fünfzehn Pfund.* |
| What? So much? | Was? So viel? |

## 1. Welche Antwort passt?

**1.** What would you like for breakfast?
**a** Anything else.
**b** Bacon and eggs and toast.

**2.** How much is it?
**a** That's fifteen pounds.
**b** I'd like some rolls.

22

**3.** Can I have some more coffee, please?
**a** Certainly.
**b** I'll have an orange juice.

## 2. Der Kellner wiederholt das von Ihnen Gewünschte und sagt, dass es das nicht mehr gibt

«*Coffee*? There is no *coffee* left.»

**1.** coffee
**2.** orange juice
**3.** marmalade
**4.** butter
**5.** bacon
**6.** bread

## 3. Sagen Sie's im Plural

**1.** a sausage – two ...................
**2.** a tea – two ................
**3.** a roll – two .......................
**4.** a breakfast – two ................................
**5.** an orange juice – two .................................
**6.** an egg – two ........................

## 4. Wie sagen die Briten?

**1.** Und zu essen?
**2.** Ich komme schon.
**3.** Kaffee oder Tee?
**4.** Was kostet ein Orangensaft?
**5.** Einen Augenblick.
**6.** Was hätten Sie gern?
**7.** Noch etwas Kaffee.

## Eating out – Essen gehen

Schlechter Ruf hin, schlechter Ruf her! Was sich in den letzten Jahren auf kulinarischem Gebiet in Großbritannien getan hat, kann man als Wunder betrachten. Heute gilt London als eines der Feinschmeckerparadiese der Welt, wenn auch die guten Restaurants selten billig sind. Haben Briten Geld zu verbraten, gehen sie am liebsten essen. In den Buchhandlungen ist ein wahres Kochbuchfieber ausgebrochen, und im Fernsehen laufen Serien mit berühmten Köchen, Winzern oder *foodies*, Feinschmeckern, oft zu den besten Sendezeiten.

Zu Beginn seiner Britannienreise mag der Besucher noch das eine oder andere Vorurteil haben. Binnen weniger Tage wird er seine Vorbehalte jedoch vollkommen abgebaut und stattdessen ein paar Pfund zugenommen haben. In diesem Sinne empfehlen sich nicht nur die schicken Londoner Restaurants, die bekannten Pubs, wo man oft zu recht günstigen Preisen einen hervorragenden *lunch*, ein Mittagessen, bekommt, oder die vielen exzellenten indischen oder chinesischen Speiselokale, sondern auch jene Restaurants, die die traditionsreiche, aber früher leider viel zu selten angebotene englische oder schottische Küche wieder in den Mittelpunkt ihrer Speisekarte stellen. Hier findet man die für die jeweilige Gegend typischen Fisch- oder Fleischgerichte, die leckersten Süßspeisen oder frische Käsesorten der benachbarten *farm*. Solche Restaurants sind oft daran zu erkennen, dass sie ein *«Taste of ...»*-Schild vorweisen – ein vom *National Tourist Board* verliehenes Qualitätssiegel.

### *Bedienung*

Um den Kellner oder die Kellnerin an ihren Tisch zu rufen, sind Handzeichen und freundliches Anlächeln meistens genug. Wenn Sie dennoch unbeachtet bleiben, sprechen Sie den vorbeisausenden Kellner mit einem durchaus höflichen, aber bestimmten *Excuse me* ... an. Falls Sie noch immer nicht die notwendige Beachtung finden, rufen Sie laut *waiter!* beziehungsweise *waitress!* Dann wird bestimmt etwas passieren.

**waiter** *Kellner*

**help** *helfen*

**menu** *Speisekarte*

**salad** *Salat*

**on a diet** *auf Diät*

**half a pint** *ein kleines Bier*

**lager** *leichtes Pils*

**order** *bestellen*

**soup** *Suppe*

**we've got** *wir haben*

**cream** *Sahne*

**salmon** *Lachs*

**chips** *Pommes frites*

**mineral water** *Mineralwasser*

**bill** *Rechnung*

**mistake** *Versehen*

**think** *denken*

**terribly** *schrecklich*

### *Die Prise Grammatik: Haben Sie ...?*

| | |
|---|---|
| **Have you got fish?** | Haben Sie Fisch? |
| **Yes, we've got salmon.** | Ja, wir haben Lachs. |

Die Engländer benutzen *we've got*, um zu sagen, was sie haben.

### *Wörtlich genommen*

| | |
|---|---|
| Is there **any** tea? | Yes, there is **some**. |
| Are there **any** rolls? | Yes, there are **some**. |

*Some* und *any* bedeuten das gleiche, nämlich «etwas». Wenn Sie fragen, benutzen Sie *any*, und wenn Sie antworten, *some*. Ebenso bei *anything* und *something*.

## Im Restaurant

| | |
|---|---|
| **Waitress!** | Kellnerin! |
| ***Can I help you?*** | *Kann ich Ihnen helfen?* |
| **Can I have the menu, please?** | Kann ich die Speisekarte bitte haben? |
| ***Here you are, sir.*** | *Bitte sehr, Sir.* |
| **Hmm, I'll have a salad.** | Hmm, ich nehme den Salat. |
| ***Anything to follow?*** | *Und was hätten Sie gern danach?* |
| **No thanks, I'm on a diet.** | Nein, danke, ich bin auf Diät. |
| ***Aha! Anything to drink?*** | *Ach ja! Etwas zu trinken?* |
| **Oh yes, half a pint of lager, please.** | O ja, ein kleines Lager bitte. |
| ***Certainly. Very good for your diet.*** | *In Ordnung. Sehr gut für Ihre Diät.* |
| | |
| **What would you like to order, sir?** | Was möchten Sie bestellen, Sir? |
| ***What's the soup of the day?*** | *Was ist die Tagessuppe?* |
| **Well, we've got cream of tomato.** | Nun, wir haben Tomatencremesuppe. |
| ***And to follow?*** | *Und danach?* |
| **Poached salmon, broccoli and chips, sir.** | Pochierter Lachs, Brokkoli und Pommes frites, Sir. |
| ***Oh no, thanks.*** | *Ach nö, danke.* |
| ***Do you have lasagne?*** | *Haben Sie Lasagne?* |
| **Certainly. And to drink?** | Aber sicher. Und zu trinken? |
| ***A glass of mineral water, please.*** | *Ein Glas Mineralwasser bitte.* |
| | |
| **The bill, please.** | Die Rechnung bitte. |
| ***Here you are.*** | *Bitte sehr.* |
| **I think there's a mistake.** | Ich denke, da gibt es ein Versehen. |
| ***Pardon?*** | *Wie bitte?* |
| **We're not table five.** | Wir sind nicht Tisch 5. |
| ***Oh, I'm terribly sorry!*** | *Oh, es tut mir schrecklich Leid!* |

## Trinkgeld

*A tip* sagen die Engländer dazu. In der Kneipe erwartet niemand etwas von Ihnen. Im Restaurant dagegen lässt man bei Zufriedenheit zehn Prozent zusätzlich zur Rechnung auf dem Tisch zurück. Also ganz wie bei uns. Und vergessen Sie nicht: Kellnern ist der schlechtestbezahlte Beruf auf der Insel.

## 1. Was gehört zusammen?

1. the menu
2. to drink
3. half a pint
4. dish of the day
5. the bill, please

a trinken
b das Tagesgericht
c die Speisekarte
d die Rechnung bitte
e ein kleines Bier

## 2. Fragen Sie nach dem Preis

«How much is *the salad?*»

25

**1.** the salad **2.** the mineral water **3.** the salmon **4.** the soup **5.** the toast

## 3. Sie sind in einem Lokal gelandet, wo es keine Speisekarte gibt: Fragen Sie, ob Folgendes da ist

«Have you got *roast beef*?»

1. roast beef
2. a menu
3. a dish of the day
4. soup
5. Yorkshire pudding
6. fish and chips
7. a glass of mineral water
8. orange juice
9. coffee

## 4. Rätsel

1. So rufen Sie den vorbeisausenden Kellner.
2. Findet der Kellner als Zeichen der Zufriedenheit auf dem Tisch.
3. Fisch, der im Frühstücksraum erscheint.
4. Zu guter Letzt muss man sie bezahlen.
5. Löscht nur halb den Durst.

## 5. Zeigen Sie, was Sie können: Sagen Sie's auf Englisch

**1.** einen Salat **2.** ein Roastbeef **3.** ein Glas **4.** ein kleines Lager
**5.** einen Toast mit Schinken **6.** einen Tee mit Milch **7.** eine Tagessuppe

**Der Pub: Durch nichts zu ersetzen**

Vor einigen Jahren ging ein Gespenst in England um – das Gespenst der *wine bar*: eine in britischen Großstädten anzutreffende Variante des neoeuropäischen Einheitsbistros, wo man in einem irgendwie spanisch anmutenden Ambiente zum faden griechischen Salat seinen italienischen Mischwein trinkt. Das Gespenst hatte jedoch kurze Beine: Es kam nicht weit. Genauer gesagt: Es kam nicht an. Denn in England ist der *pub* durch absolut nichts zu ersetzen!

Der *pub* ist übrigens ein wirklich englisches Phänomen: In Irland und Schottland geht man in eine *bar*, die in Schottland oft Teil eines Hotels ist. «*Pub*» ist das Kürzel für *public house*. Man merkt es also schon am Namen: Die englischen Kneipen sind «öffentliche Häuser», im Gegensatz zum *private house*, zur Intimsphäre des Eigenheims. Der *pub* ist daher nicht nur Bierschenke und – in der Mittagszeit – Speiselokal, er ist auch ein Ort, an dem Öffentlichkeit entsteht und gepflegt wird. Er ist Schwatzbude oder Nachrichtenagentur für Dorf oder Stadtviertel, Treffpunkt für Jugend und Alte, Vereinssitz für den Angelclub oder die *cricket*-Mannschaft.

Meistens gibt es zwei *bars* oder Stuben in einem *pub*: In der Schankstube, *tap room* oder *public bar* genannt, verkehren die *regulars*, die Stammkunden. In der anderen, etwas bequemer eingerichteten *lounge*, der «guten Stube», sitzen the *visitors*: die Besucher, die Durchreisenden oder die, die noch nicht so richtig dazugehören. Für viele gehört das *pint* (0,57 Liter) *at lunchtime* (mittags) zum festen Ritual. Abends geht man gerne ins Stammlokal, um rechtzeitig vor *last orders* (Schankschluss) ein letztes Bier zu bekommen. Man steht an der Theke, ist unter sich, bleibt auf dem Laufenden, diskutiert Fußballergebnisse oder Urlaubspläne. Man bestellt dann nicht nur für sich allein, sondern gleich *a round*, eine Runde. An der Theke natürlich! In einem *pub* gibt es keine Bedienung – Trinkgeld übrigens auch nicht! *Closing time* (Polizeistunde) ist meist um 23 Uhr. Wer danach zu bleiben versucht, der wird schon mal als Gefahr für die Öffentlichkeit behandelt!

***Guten Appetit...***

... sagt man nicht in Great Britain. Höchstens: *Bon appetit!*

**dry** *trocken*

**port** *Portwein*

**haven't** *haben nicht*

**white wine** *Weißwein*

**what about?** *wie wär's mit?*

**a table** *Tisch*

**by** *am*

**window** *Fenster*

**rare** *blutig*

**medium** *medium*

**well-done** *durchgebraten*

**vegetables** *Gemüse*

**boiled potatoes** *Salzkartoffeln*

**peas** *Erbsen*

**ice** *Eis*

**closing time** *Feierabend*

**bitter** *Bitter-Bier*

**but** *aber*

**very last** *allerletzte*

**very** *sehr*

**keep** *behalten*

**change** *Restgeld*

**tip** *Trinkgeld*

## *Jede Menge Biere*

Wichtig zu wissen: Es gibt fast so viele Biersorten wie in Deutschland Weine. Jede Gegend ist stolz auf das eigene *ale*, das «Lokalgebräu». Hilfreich sind die Unterscheidungen in:

| | |
|---|---|
| **bitter** | braun, herb, fruchtig |
| **lager** | hell, kühl, leicht |
| **stout** | sehr dunkel, malzig, stark |
| **one pint** | 0,568 l |
| **half a pint** | 0,284 l |

## *Das haben wir nicht*

| | |
|---|---|
| **We haven't got port.** | Wir haben keinen Portwein. |
| **I haven't got a table.** | Ich habe keinen Tisch. |

Sie verneinen, indem Sie an *have* einfach *not* anfügen. Das wird – typisch englisch – verkürzt: also fort mit dem «o» und stattdessen ein Auslassungszeichen einfügen.

## Ausgehen

| | |
|---|---|
| *Good afternoon, madam.* | *Guten Tag, Madam.* |
| *What would you like?* | *Was hätten Sie gern?* |
| I'll have a port. | Ich nehme einen Portwein. |
| *I'm sorry, we haven't got port.* | *Tut mir Leid, wir haben keinen Portwein.* |
| Have you got a Scotch? | Haben Sie einen Scotch? |
| *Yes, would you like some ice in it?* | *Ja, möchten Sie etwas Eis dazu?* |
| No, thanks. | Nein, danke. |
| | |
| What would you like to drink? | Was hätten Sie gern zu trinken? |
| *Have you got a dry white wine?* | *Haben Sie einen trockenen Weißwein?* |
| What about a Krover Nactarsh? | Wie wär's mit Kröver Nacktarsch? |
| *Eem, well, a double whisky, please.* | *Eem, nun, einen doppelten Whisky bitte.* |
| | |
| Good evening. | Guten Abend. |
| Have you got a table? | Haben Sie einen Tisch? |
| *Certainly, by the window.* | *Sicher, am Fenster.* |
| Fine. Have you got steak? | Gut. Haben Sie Steak? |
| *We've got fish, pork, beef, lamb.* | *Wir haben Fisch, Schwein, Rind, Lamm.* |
| No, I'd like a steak. | Nein, ich möchte ein Steak. |
| *Rare, medium or well-done?* | *Roh, mittel oder durch?* |
| Well-done, of course! | Durch natürlich! |
| *And would you like a salad or vegetables?* | *Möchten Sie einen Salat oder Gemüse?* |
| What do you have? | Was haben Sie? |
| *Chips, boiled potatoes, peas ...* | *Wir haben Pommes, Salzkartoffeln, Erbsen ...* |
| I'll have a salad. | Ich nehme einen Salat. |
| | |
| Closing time, ladies and gentlemen, please! | Feierabend, Ladies und Gentlemen bitte. |
| *A pint of bitter, please.* | *Ein Glas Bitter, bitte.* |
| Okay, but it's the very last. | Okay, aber es ist das allerletzte. |
| *Thank you very much.* | *Danke sehr.* |
| That's one pound sixty, madam. | Bitte sehr. Das macht 1,60 Pfund. |
| *Here's five. You can keep the change.* | *Hier sind fünf. Sie können den Rest behalten.* |
| Oh no, no tips here, madam. | Nein, kein Trinkgeld hier. |

## *1. Welche Antwort passt?*

**1.** What would you like to drink?
**a** An orange juice.
**b** Peas.

**2.** What about a steak?
**a** I'll have a Scotch.
**b** No, thanks, I'm on a diet.

**3.** Would you like some ice in it?
**a** Well-done.
**b** Yes, please.

**4.** Can I have a pint of bitter?
**a** Of course.
**b** We've got a ticket.

## *2. Ein Wort passt nicht*

**1.** white wine – whisky – coffee – vegetables
**2.** drink – eat – order – boiled potatoes
**3.** Scotch – fish – pork – beef
**4.** rare – well-done – glass – medium
**5.** salad – peas – chips – roast beef

## *3. Bilden Sie die Mehrzahl*

**1.** a whisky – seven ..............
**2.** an ale – four .........
**3.** a steak – three ............
**4.** a pound – seventy ............
**5.** a salad – six ................
**6.** a potato – twenty-one ......................
**7.** a white wine – two .........................

## *4. Sagen Sie's auf Englisch*

**1.** einen Tisch **2.** einen Salat **3.** Eis **4.** die Rechnung **5.** Erbsen
**6.** einen doppelten Whisky **7.** Pommes **8.** ein kleines Lager
**9.** Salzkartoffeln **10.** einen trockenen Weißwein

## Frühstück

**kontinental**
*continental*

**warmes Frühstück**
*cooked breakfast*

**Schinken und Spiegeleier**
*bacon and eggs*

**Bratwürstchen**
*sausages*

**Tee**
*tea*

**Milch**
*milk*

**Toast**
*toast*

**Brot**
*bread*

**Brötchen**
*rolls*

**Butter**
*butter*

**Zitrusfrucht-Marmelade**
*marmalade*

**Marmelade**
*jam*

**Kaffee**
*coffee*

## Drum und Dran

**Kellner**
*waiter*

**Kellnerin**
*waitress*

**Tagesgericht**
*dish of the day*

**übrig**
*left*

**irgendetwas**
*anything*

**noch**
*else*

**nur**
*just*

**etwas**
*some*

**mehr**
*more*

**Fenster**
*window*

**ein Versehen**
*a mistake*

**wie wär's mit?**
*what about?*

**trocken**
*dry*

**am**
*by*

**blutig**
*rare*

**medium**
*medium*

**durch**
*well-done*

**aber**
*but*

**sehr**
*very*

**Feierabend**
*closing time*

**Rechnung**
*bill*

## Verben

**essen**
*eat*

**ich werde**
*I'll*

**haben**
*have*

**ich habe nicht**
*I haven't*

**trinken**
*drink*

**ich komme**
*I'm coming*

**können**
*can*

**folgen**
*follow*

**bestellen**
*order*

**wir haben**
*we've got*

**helfen**
*help*

**behalten**
*keep*

**pay**
*bezahlen*

**be**
*sein*

**denken**
*think*

## Essen

**Speisekarte**
*menu*

**Salat**
*salad*

**peas**
*Erbsen*

**Fisch**
*fish*

**Lachs**
*salmon*

**Pommes**
*chips*

**Tisch**
*table*

**Salzkartoffeln**
*boiled potatoes*

**auf Diät**
*on a diet*

**Gemüse**
*vegetables*

## Pub

**ein kleines Bier**
half a pint of beer

**Bitter-Bier**
*bitter*

**Glas**
*a glass*

**Mineralwasser**
*mineral water*

**Portwein**
*port*

**Eis(würfel)**
*ice*

**Weißwein**
*white wine*

**Restgeld**
*change*

### *Auf der Speisekarte*

| | |
|---|---|
| **starters** | Vorspeisen |
| **main course** | Hauptgericht |
| **vegetables** | Gemüse |
| **dessert/sweet** | Nachtisch |
| **wines** | Weine |
| **beverages** | Getränke |

### *Frühstücksbuffet*

| | |
|---|---|
| **fruit juice** | Fruchtsaft |
| **tomato juice** | Tomatensaft |
| **cornflakes** | Cornflakes |
| **porridge** | Hafergrütze |
| **kipper** | geräucherter Hering |
| **bacon and eggs** | Spiegelei mit Schinken |
| **sausages** | Bratwürstchen |
| **bread** | Brot |

### *continental*

| | |
|---|---|
| **jam** | Marmelade |
| **marmalade** | Zitrusfrucht-Marmelade |
| **coffee** | Kaffee |
| **roll** | Brötchen |
| **bread** | Brot |

### *Eier so und anders*

| | |
|---|---|
| **fried egg** | Spiegelei |
| **boiled egg** | gekochtes Ei |
| **scrambled egg** | Rührei |
| **poached egg** | pochiertes Ei |

## 1. Was stimmt: a, b oder c?

**1.** I'll .......... a steak.
**a** drink
**b** sausages
**c** have

**2.** I'd like ........... and eggs.
**a** bacon
**b** how much
**c** we've got

**3.** Would you like ...... ice in it?
**a** well-done
**b** some
**c** pork

**4.** .... much is it?
**a** by
**b** white wine
**c** how

**5.** There's a .............
**a** chips
**b** mistake
**c** to follow

**6.** ...... I have the menu, please.
**a** can
**b** half a pint
**c** milk

**7.** What's the ......... of the day?
**a** anything else
**b** to order
**c** dish

## 2. Wie sagen Sie es auf Englisch?

**1.** ein Steak mit Milch
**2.** Schinken und Kellner
**3.** gekochtes Brot
**4.** einen doppelten Kaffee
**5.** ein rohes Eis
**6.** ein trockener Toast
**7.** eine Schweine-Rechnung

## 3. Rätsel

**1.** So sollte man die bedienende Dame im Restaurant rufen.
**2.** Begleichen Sie nicht immer gern.
**3.** Die brauchen Sie, um die rechten Speisen zu wählen.
**5.** Wer's vegetarisch liebt und kalt, der bestellt lieber den.
**6.** Ist das Getränk zu warm, fragen Sie danach.
**7.** Wollen Sie am Morgen nicht zu viel essen, bestellen Sie das.
**8.** Hören Sie im Pub, kurz bevor dichtgemacht wird.

## 4. Welcher Satz ist richtig?

**1a.** I'd like the dish of the day. **1b.** I'll like the dish of the day.

**2a.** We haven't got coffee. **2b.** We not have coffee.

**3a.** What's you like to order? **3b.** What would you like to order?

**4a.** I'll have the soup. **4b.** I do have the soup.

**5a.** Half pint of bitter, please. **5b.** Half a pint of bitter, please.

## 5. Haben Sie aufgepasst?

**1.** *Scones* and *pancakes* sind
**a** Rühreier auf Toast.
**b** köstliche Gebäckleckereien.
**c** Engländer, die in Knaresborough leben.

**2.** Man geht in den *pub*, weil
**a** es zu Hause nichts zu trinken gibt.
**b** dort der beste Wein ausgeschenkt wird.
**c** zum Bier auch ein nettes Schwätzchen gehört.

**3.** Ein «englisches» Frühstück bestellen Sie am besten,
**a** wenn Sie keinen Appetit haben.
**b** wenn Ihnen der Name Ihres Hotels entfallen ist.
**c** wenn Sie am Abend zuvor nichts zu essen bekamen.

**4.** Ruft jemand *closing time* im Pub,
**a** bestellen Sie ganz schnell ein Bier.
**b** lassen die Briten alles stehen und liegen und eilen nach Hause.
**c** halten Sie Ihren Geldbeutel ganz fest.

**5.** Briten finden die deutsche Küche
**a** aufregend.
**b** interessant, aber nicht zu empfehlen.
**c** geschmackvoll und erlesen.

**6.** Zum *roast beef* gibt es
**a** *Yorkshire pudding.*
**b** einen doppelten Whisky.
**c** die Adresse des nächsten Pubs.

Vor einigen Jahren endete ein Kommentar der sachlich-trockenen Wirtschaftszeitung *Financial Times* mit der bangen Frage: Ist es nicht möglich, dass wir den Umstand, den wir heute «Rezession» nennen, morgen schon als Normalität betrachten werden?

Manche Sätze haften aus unerklärlichen Gründen im Gedächtnis: Da fragt sich einer, ob die schlechten neuen Zeiten einfach so bleiben werden, wie sie sind. Wer aber Großbritannien zum letzten Mal vor fünfzehn Jahren besuchte, dem fällt heute vieles auf, was damals undenkbar war: die Vielfalt an neuen Einkaufsmöglichkeiten, die Warenpaläste und Konsumtempel der Großstädte. Sah nicht der Leitartikler damals zu schwarz?

In der britischen Presse werden Begriffe wie *recession*, *depression* und *deficit* immer wieder von optimistisch klingenden Schlagwörtern wie *boom*, *growth* (Wachstum) und *recovery* (Erholung) verdrängt. Im Wechselstrom der Konjunkturprognosen alternieren auch die Hoffnungen der Menschen unaufhörlich zwischen der bunten Flagge des bevorstehenden Triumphs und dem schon stets lauernden Ende der Fahnenstange.

Allmonatliche Beschwörungen einer goldenen Zukunft finden nicht nur in den Zeitungen statt: Das Spiel mit dem Glück ist allgegenwärtig. Denn neben *cricket* oder *football* ist auch das Wetten Nationalsport. Man wettet um alles: Wimbledon, Pferderennen und das Wetter – sogar darum, ob ein japanisches U-Boot das Ungeheuer von *Loch Ness* orten wird. Beim Wetten oder in der Lotterie müssen bekanntlich viele verlieren, damit einige wenige gewinnen. In der Wirtschaft ist es oft nicht anders: Ganze Industriezweige – Gas, Telefon, Wasser – wurden in den zurückliegenden Jahrzehnten privatisiert. Dabei wurde weder Neues geschaffen noch kam Neues hinzu: Was da war, wurde ganz einfach umverteilt. Im Zeitalter der Yuppies scheuten sich die Gewinner dieses Spiels nicht, das Gewonnene nach außen zu tragen. Im Gegenteil: Wer Designer-Mode in der *South Molton Street* oder Haute Couture bei Cerruti oder Karl Lagerfeld in der *New* oder *Old Bond Street* kaufte, der machte sich gera-

# S-h-o-p-p-i-n-g

*Einkaufen!*

dezu zum Totem der Hoffenden, zum lebendigen und stolzen Beweis dafür, dass Wohlstand in England möglich ist. Eine schwere Verantwortung, nicht wahr? Wen wundert es aber, wenn sie leicht getragen wurde?

Inzwischen haben Rezession und anhaltender Strukturwandel niemanden verschont. Selbst die reichen Briten haben durch Börsenkrach und Pfundabwertung Millionenverluste verbucht: Ein schwacher Trost für die, die zwar unendlich viel weniger hatten, dieses Wenige aber dennoch verloren haben. Durch Arbeitslosigkeit, Alter oder Krankheit benachteiligt, sehen sich heute viele Menschen schutzlos dem eisigen Wind der Armut im untergegangenen britischen Wohlfahrtsstaat ausgesetzt. Diesen Menschen bleibt oft nur ein bitterer, knochenharter Überlebenskampf.

Wer sich nach Theater-, Kino- oder Restaurantbesuch von den schönen hellen Zentren der Freizeit- und Unterhaltungskultur nur ein paar Schritte entfernt, der kann Zeuge werden des nächtlichen Gerangels der *homeless* (Obdachlosen) um die trockensten und wärmsten Türeingänge. An die offene Wunde der Armut in den britischen Großstädten haben sich die meisten Briten aber nie gewöhnt. Sie ist zu bedrohlich, gemahnt zu sehr an den möglichen eigenen Abstieg – das geht unter die Haut. Was freilich nichts daran ändert, dass jene Vorahnung im Leitartikel der *Financial Times* wohl begründet war. Bei allem Optimismus: Die Umstände der *recession* sind heute tatsächlich Teil einer postmodernen Normalität geworden.

## *Das rechte Maß*

**Ladies' Wear**

| | | | | | | | | |
|---|---|---|---|---|---|---|---|---|
| GB | 8 | 10 | 12 | 14 | 16 | 18 | 20 | 22 |
| D | 36 | 38 | 40 | 42 | 44 | 46 | 48 | 50 |

**Men's Wear**

| | | | | | | | |
|---|---|---|---|---|---|---|---|
| GB | 36 | 38 | 40 | 42 | 44 | 46 | 48 |
| D | 46 | 48 | 50 | 52 | 54 | 56 | 58 |

**Shoes**

| | | | | | | | | | |
|---|---|---|---|---|---|---|---|---|---|
| GB | 3 | 4 | 5 | 6 | 7 | 8 | 9 | 10 | 11 |
| D | 36 | 37 | 38 | 39 | 40/41 | 42 | 43 | 44 | 45 |

29

**looking for** *suchen*

**this one** *dieser da*

**see** *sehen*

**another** *einen anderen*

**nice** *schön*

**quite** *ziemlich*

**expensive** *teuer*

**cheaper** *billiger*

**a pair of** *ein Paar*

**shoes** *Schuhe*

**colour** *Farbe*

**green** *grün*

**sure** *sicher*

**size** *Größe*

**show** *zeigen*

**me** *mir*

**umbrella** *Regenschirm*

**smart** *pfiffig*

**really** *wirklich*

**make** *Marke*

**don't know** *weiß nicht*

## *Billiger geht's nicht*

**I'm looking for a cheaper one.** Ich suche einen billigeren.
Schauen Sie sich mal die Endung von billiger und *cheaper* an: zweimal -er.
Gerade so wie im Deutschen werden kurze (!) englische Wörter gesteigert.

**Haven't you got a cheaper pair of shoes?**
Haben Sie keine billigeren Schuhe?

**This umbrella is cheaper.**
Dieser Schirm ist billiger.

## *One!*

**Here's a nice one** Hier ist ein schöner (...).
**This one is smart** Diese (...) ist sehr pfiffig.

«One» steht für den Gegenstand, von dem man gerade spricht.
So wird die Wiederholung des Wortes vermieden.
Auch bei den Wörtern in der Mehrzahl wird so vorgegangen,
dann kommt an das «one» ein «s».

**The ones in London are very nice.** Die in London sind sehr schön.
**Haven't you got cheaper ones?** Haben Sie keine billigeren?

## Im Kaufhaus

| | |
|---|---|
| **I'm looking for a poster of Lady Di, please.** | Ich suche ein Poster von Lady Di. |
| ***What about this one?*** | *Wie wär's mit diesem?* |
| **Hm, can I see another one?** | Hm, kann ich ein anderes sehen? |
| ***Yes, certainly.*** | *Ja, sicher.* |
| **Yes, that's very nice.** | Ja, das ist sehr schön. |
| **How much is it?** | Wie viel kostet es? |
| ***Seven pounds twenty.*** | *Sieben Pfund zwanzig.* |
| **Oh, that's quite expensive.** | Oh, das ist ziemlich teuer. |
| ***Here's a cheaper one.*** | *Hier ist ein billigeres.* |
| **Is this Lady Di?** | Ist das Lady Di? |
| ***Of course! In nineteen sixty-seven!*** | *Gewiss. Neunzehnhundertsiebenund-sechzig!* |

| | |
|---|---|
| **Excuse me ...** | Entschuldigung ... |
| ***Yes, can I help you?*** | *Kann ich Ihnen behilflich sein?* |
| **I'd like a pair of shoes, please.** | Ich hätte gern ein Paar Schuhe. |
| ***What colour would you like?*** | *Welche Farbe hätten Sie gern?* |
| **Green.** | Grün. |
| ***And what size are you?*** | *Und welche Größe haben Sie?* |
| **I'm not quite sure.** | Ich bin mir nicht ganz sicher. |
| ***What's your German size?*** | *Wie ist Ihre deutsche Größe?* |
| **Thirty-nine.** | Neununddreißig. |
| ***That's size six here.*** | *Das ist hier Größe sechs.* |

| | |
|---|---|
| **Can you show me some umbrellas, please.** | Können Sie mir Regenschirme zeigen? |
| ***Certainly, sir. This one is very smart.*** | *Sicher, Sir. Dieser hier ist pfiffig.* |
| **Yes, it really is. How much is it?** | Ja, das ist er wirklich. Wie viel kostet er? |
| ***It's fifty pounds.*** | *Fünfzig Pfund.* |
| **Oh, that's very expensive.** | Oh, das ist sehr teuer. |
| ***It's a Burberry, sir.*** | *Das ist ein Burberry, Sir.* |
| **What about this one?** | Wie wär's mit diesem? |
| ***That one isn't expensive, sir.*** | *Der ist nicht teuer, Sir.* |
| **Really nice. What make is it?** | Sehr schön. Welche Marke ist das? |
| ***I don't know. It's from Taiwan.*** | *Weiß ich nicht. Er kommt aus Taiwan.* |

## 1. Welche Antwort passt?

1. Can I help you?
   a I'd like a pair of shoes.
   b That's size six here.
2. I'm looking for a poster, please.
   a That's very expensive.
   b What about this one?
3. What make is it?
   a Seven pounds twenty.
   b I don't know.
4. What colour would you like?
   a Green.
   b This one isn't expensive.
5. What size are you?
   a I'm looking for an umbrella.
   b I'm not quite sure.
6. Can you show me some posters, please?
   a Certainly. This one is very nice.
   b Really nice.

## 2. Im Kaufhaus: Erklären Sie, was Sie suchen

«I'm looking for *a table*, please.»

31

1. a table
2. a glass
3. an umbrella
4. a pair of shoes
5. a pair of jeans

## 3. Was passt zusammen?

1. Can I
2. This one is
3. What make
4. I'm
5. Can you show

a not sure.
b is it?
c see another one?
d me some posters, please?
e cheaper.

## 4. Sagen Sie's auf Englisch

1. Ich suche einen Regenschirm.
2. Wie ist Ihre Größe?
3. Dieser ist sehr pfiffig.
4. Welche Marke ist das?
5. Der ist nicht teuer.

## Money! Money! Money!

Euro hin, Euro her: Denken Sie trotzdem noch ans große Geld, bevor Sie nach Großbritannien reisen! Ohne Scherz: An manchen britischen Münzen trägt man schwer. Dem armen Touristen sieht man das bisweilen an. Die Jacke hängt so schief herunter, weil sich zu viel Kleingeld in der Tasche angesammelt hat. Das kleine Portemonnaie, das Sie immer zu Hause bei sich tragen, fühlt sich da auch überfordert.

Nach Erscheinen der neuen, superleichten *fifty pence pieces* an (wo die Britannia auf dem Rücken eines Löwen sitzt) machen heute die übergewichtigen *two pence pieces* den meisten Ärger. Letzteres ist nur fünf Pfennig wert, aber genauso groß wie ein Zweimarkstück. Dass die berühmte *Bank of England* andere Münzen eingezogen und durch kleinere ersetzt hat, ist ihr hoch anzurechnen: Dem *twopence* wünscht man das gleiche Schicksal. Einen Rückschritt in dieser Hinsicht stellt die Einführung des Pfundstücks dar: Es ist klein, aber schwer. In Schottland wiegt ein Pfund schon mal weniger, denn dort gibt es die Pfundnote nach wie vor. Wundern Sie sich nicht, wenn Sie verschiedene Banknoten gleichen Wertes sehen. In Schottland gibt es im Gegensatz zu England, wo die *Bank of England* alles bestimmt, drei Notenbanken. Englische Noten sind auch in Schottland gültig, und umgekehrt.

In Geldfragen haben Sie also drei Optionen: schottisch, englisch oder plastisch. Bei den Briten können Sie fast überall mit Visa oder Eurocard zahlen. In der Kneipe kommen Kreditkarten jedoch nicht zum Einsatz, weil die Beträge zu klein sind: Man bezahlt ja jedes Getränk extra. Im Restaurant oder beim Großeinkauf im Supermarkt hingegen ist Plastik die beliebteste «Währung».

Travellerschecks werden in der Regel nicht so gern angenommen wie Euroschecks: Der Restaurantbesitzer oder Hotelier befürchtet zu Recht, dass er an Bankgebühren beteiligt werden könnte. Mit dem Euroscheck kommt man fast überall zurecht. Nur kann es schon mal vorkommen, dass man im kleinen Hotel oder beim *Bed & Breakfast* diesen Zahlungsmodus noch nicht kennt. Hat man dann kein Bares dabei, gibt es auch nach Geschäftsschluss der Banken eine Möglichkeit, an Geld zu kommen: Plastik! Viele *cash dispensers* (Geldausgabeautomaten) nehmen EC-Karten an.

**red** *rot*

**lambswool** *Schafwolle*

**men's wear** *Herrenmode*

**second** *zweiter*

**floor** *Stock*

**also** *auch*

**department** *Abteilung*

**wife** *Ehefrau*

**ladies' wear** *Damenmode*

**third** *dritter*

**sell** *verkaufen*

**them** *sie*

**ground floor** *Erdgeschoss*

**linen** *Leinen*

**blouse** *Bluse*

**maybe** *vielleicht*

**too** *zu*

**big** *groß*

**tweed suit** *Tweed-Anzug*

**over there** *dort drüben*

**grey** *grau*

**try on** *anprobieren*

**small** *klein*

**why?** *warum?*

**look like** *aussehen wie*

## *Grammatik prêt-à-porter*

| | *wörtlich:* |
|---|---|
| **I'm looking for a suit.** | Ich suche **gerade** einen Anzug. |
| **I'm eating a steak.** | Ich esse **gerade** ein Steak. |
| **He's selling blouses.** | Er verkauft **gerade** Blusen. |

Für das, was Sie gerade tun, benutzen Sie diese zusammengesetzte Form. Sie nehmen **am** oder **is** oder **are** und ein **Verb**. Daran hängen Sie ein «**ing**». Das Gebilde nennt sich Verlaufsform.

## *Hier und da*

| | |
|---|---|
| **This pullover is smart.** | Dieser Pullover (hier) ist pfiffig. |
| **That pullover isn't.** | Der (dort) nicht. |

Steckt Ihnen etwas direkt vor der Nase, benutzen Sie **this**. Ist das Ding weiter von Ihnen entfernt, nehmen Sie **that**.

## Beim Einkaufen

| | |
|---|---|
| **Excuse me, where can I get a pullover?** | Entschuldigung, wo kann ich einen Pullover bekommen? |
| ***For you, sir?*** | *Für Sie, Sir?* |
| **Yes. Red lambswool.** | Ja, rote Lammwolle. |
| ***Men's wear is on the second floor.*** | *Herrenmode ist im zweiten Stock.* |
| **And a trench coat?** | Und ein Trenchcoat? |
| ***Also in the men's wear department.*** | *Auch in der Herrenmode-Abteilung.* |
| **No, it's for my wife.** | Nein, er ist für meine Frau. |
| ***Well, that's ladies' wear on the third floor.*** | *Gut, das ist Damenmode im dritten Stock.* |
| **I'm also looking for some souvenirs.** | Ich suche auch Souvenirs. |
| ***We sell them on the ground floor.*** | *Wir verkaufen sie im Erdgeschoss.* |
| | |
| **Can I help you, madam?** | Kann ich Ihnen behilflich sein, Madam? |
| ***I'm looking for a linen blouse.*** | *Ich suche eine Leinenbluse.* |
| **What size, please?** | Welche Größe bitte? |
| ***I'm not sure. Maybe twelve.*** | *Ich bin nicht sicher. Vielleicht zwölf.* |
| **No, that's too big.You're a ten, I think.** | Nein, das ist zu groß. Sie haben zehn. |
| ***Can I try it on?*** | *Darf ich sie anprobieren?* |
| **Yes, certainly.** | Ja, sicher. |
| | |
| **Have you got tweed suits?** | Haben Sie Tweed-Anzüge? |
| ***What about this one here?*** | *Wie wär's mit diesem hier?* |
| **Oh, I like that suit over there.** | Oh, mir gefällt der dort drüben. |
| ***The grey one?*** | *Der graue?* |
| **Yes, can I try it on?** | Ja, kann ich den anprobieren? |
| ***Of course, sir. But I think it's too small.*** | *Natürlich. Aber ich glaube, der ist zu klein.* |
| **Why?** | Warum? |
| ***Well, you look like a fifty-eight.*** | *Nun, Sie sehen wie Größe 58 aus.* |

### Gegen lästige Verkäufer

Da hilft der Zaubersatz *I'm just looking!* – Ich schau mich (nur ein bißchen) um. Schon können Sie in aller Seelenruhe die Ware prüfen.

## 1. Ein Wort passt nicht. Finden Sie's?

**1.** pullover – trench coat – blouse – grey
**2.** red – green – tweed suit – grey
**3.** get – small – sell – help
**4.** linen – lambswool – tweed – size
**5.** big – small – over there – size

## 2. Wie lautet die richtige Antwort auf

**1.** Can you show me?
- **a** Yes, certainly.
- **b** That's ladies' wear.

**2.** Where can I get a suit?
- **a** Maybe twelve.
- **b** On the second floor.

**3.** Can I try it on?
- **a** Of course, madam.
- **b** Oh, I like the one over there.

## 3. Rattern Sie die folgenden Größen herunter

*«nine and a half»*

**1.** $9\frac{1}{2}$ **2.** 36 **3.** 40 **4.** 44 **5.** 18 **6.** 10 **7.** 4 **8.** $5\frac{1}{2}$ **9.** 12 **10.** 8

## 4. Sie verkaufen bei Harrods, doch manche Artikel führen Sie wirklich nicht: Sagen Sie das den Kunden

«Sorry, we haven't got *linen shoes.*»

**1.** linen shoes **4.** cheap blouses **7.** size 110
**2.** tweed pullovers **5.** red suits **8.** souvenirs of China
**3.** lambswool umbrellas **6.** small trench coats **9.** leather petticoats

## 5. Rätsel

**1.** Beim Betreten des Kaufhauses befinden Sie sich dort.
**2.** Tragen Sie die falsche, sehen Sie etwas unvorteilhaft aus.
**3.** Dort finden Damen alles, was den Herrn entzückt.
**4.** Im Winter wärmt dies Material vorzüglich.
**5.** Der Göttergatte bringt ihr immer etwas von Reisen mit.

## Shopping in der Metropole

Es gibt angeblich Touristen, die das Wort *shopping* mit Harrods verbinden. Harrods verkauft sich als Londons größter und traditionsreichster *department store* (Kaufhaus). Aber warum nach Brompton Road fahren, wenn Sie eine Harrods-Filiale in der *shopping*-Schleife im Frankfurter Flughafen besuchen können? Am besten lässt man sich doch frei Haus beliefern: So spart man sich die lästige Britannienreise!

Wer aber unbedingt die «empfohlene» *shopping*-Tour mitmachen will, der lässt sich die Lebensmittelabteilung des piekfeinen Londoner Kaufhauses Fortnum & Mason in Piccadilly nicht entgehen. Zugegeben: Der *fresh orange juice* schmeckt dort einfach besser. Der muss ja besser schmecken – bei dem Preis! In nächster Nähe gibt es dort auch das berühmte, aber überlaufene und überschätzte Trocadero-Einkaufszentrum.

Wer in den Kaufhäusern in Oxford Street stöbert oder Designer-Klamotten in Soho und Antiquitäten in Covent Garden begutachtet, der kriegt auch sein *shopping*-Erlebnis und hat bis zum Verkaufsschluss sicher seine Fußmassage verdient. Übrigens: Der Teil von Soho, der zwischen Shaftesbury Avenue und Leicester Square liegt, heißt Chinatown. Falls Sie was Interessantes erleben wollen, machen Sie dort Einkaufspause und gehen Sie chinesisch essen!

Wenn Sie übers Einkaufen das Land besser kennen lernen möchten, sollten Sie zweierlei beachten. Erstens: Steigen Sie in einen roten Bus ein – es ist fast egal, in welchen, denn alle fahren in Stadtteile, in denen viele Londoner leben – und steigen Sie erst wieder aus, wenn Sie aus dem Fenster einen großen Supermarkt sehen. Der heißt wahrscheinlich Safeways, Tesco oder Sainsbury. Schauen Sie sich einfach die Auswahl an Lebensmitteln an. Nur so machen Sie sich zum Experten. Zweitens: Besuchen Sie am Wochenende ein paar Märkte: Portobello Road (U-Bahn: Notting Hill Gate), Camden Lock (U-Bahn: Camden Town), Petticoat Lane (U-Bahn: Aldgate) und vor allem sonntagvormittags Brick Lane (U-Bahn: Aldgate East). Hier können Sie im Krusch von richtigen Flohmärkten wühlen, um alles Mögliche an Ramsch und Gerümpel feilschen und in der basarartigen Atmosphäre ab und zu auch *a real bargain* (Schnäppchen) machen.

**change** *wechseln*
**note** *Schein*
**buy** *kaufen*
**typical** *typisch*
**cheese** *Käse*
**all** *alle*
**recommend** *empfehlen*
**of each** *von jedem*
**cheque** *Scheck*
**accept** *annehmen*
**bank** *Bank*
**near here** *in der Nähe*
**next corner** *nächste Ecke*
**only** *nur*
**money** *Geld*
**exchange rate** *Wechselkurs*
**high** *hoch*

### *Don't und doesn't*

**We don't accept cheques.** Wir nehmen keine Schecks an.

Wenn sie nein sagen und wenn sie fragen, bringen die Briten das Wort «tun» ins Spiel. Das haben Sie bereits in Lektion 2 erfahren. «Wir tun keine Schecks akzeptieren» heißt es wörtlich übersetzt. Auch ein anderer dieser Tun-nicht-Sätze ist Ihnen schon begegnet. Erinnern Sie sich?

**I don't know.** Ich weiß nicht.

Aber aufgepasst! *He, she, it* tanzen aus der Reihe.

**He doesn't know.** Er weiß nicht.
**She doesn't accept cheques.** Sie nimmt keine Schecks an.

## Besorgungen

| | |
|---|---|
| **Can you change a fifty pound note, please?** | Können Sie fünfzig Pfund wechseln? |
| ***How would you like it?*** | *Wie hätten Sie's gerne?* |
| **Well, two twenties and a ten.** | Nun, zwei Zwanzigmarkscheine und einen Zehner. |
| ***I'm sorry, I've only got tens and fives.*** | *Tut mir Leid. Ich habe nur Zehn- und Fünfmarkscheine.* |
| **How about three tens and four fives?** | Wie wär's mit drei Zehn- und vier Fünfmarkscheinen? |
| ***That's all right. Here you are, sir.*** | *In Ordnung. Bitte sehr.* |
| **Good morning.** | Guten Morgen. |
| ***Good morning, madam.*** | *Guten Morgen, Madam.* |
| **I'd like to buy some typical English cheese.** | Ich hätte gern typisch englischen Käse. |
| ***We've got all the English cheeses.*** | *Wir haben alle englischen Käsesorten.* |
| **What would you recommend?** | Was würden Sie empfehlen? |
| ***Maybe some Cheddar and some Stilton.*** | *Vielleicht etwas Cheddar und etwas Stilton.* |
| **Okay, I'll have a pound of each.** | Gut, ich nehme ein Pfund von jedem. |
| ***That's nine pounds forty.*** | *Das macht neun Pfund vierzig.* |
| **Can I pay by cheque?** | Kann ich mit Scheck bezahlen? |
| ***I'm terribly sorry, we don't accept cheques.*** | *Tut mir schrecklich Leid, wir nehmen keine Schecks.* |
| **Hm, is there a bank near here?** | Hm, gibt es eine Bank in der Nähe? |
| ***Yes, on the next corner.*** | *Ja, an der nächsten Ecke.* |
| **I'd like to change some money.** | Ich möchte Geld wechseln. |
| ***Yes, how much?*** | *Ja, wie viel?* |
| **Five hundred marks. What's the exchange rate?** | Fünfhundert DM. Wie ist der Kurs? |
| ***It's two pounds sixty-eight.*** | *Zwei Pfund achtundsechzig.* |
| **Oh, that's high!** | Oh, das ist hoch! |
| ***Sorry, sir. I'm not the Bank of England.*** | *Tut mir Leid, Sir. Ich bin nicht die Bank von England.* |

## *1. Welche Antwort passt?*

**1.** Can you change a twenty pound note, please?
**a** How would you like it?
**b** I'll have a pound of each.

**2.** How about three tens?
**a** It's July, you know.
**b** That's all right.

**3.** What would you recommend?
**a** I've only got tens and fives.
**b** Maybe some Stilton.

## *2. Hier fehlt's. Können Sie's einsetzen?*

**1.** Can you change this fifty .......... note, please?
**2.** Can I ...... by cheque?
**3.** ...... I see that one over there?
**4.** Can I ...... it on?
**5.** Can you .......... me some umbrellas, please?

## *3. Was gehört zusammen?*

**1.** Don't they sell
**2.** We don't
**3.** I'll have a
**4.** We've got some typical
**5.** I'd like to

**a** pound of each.
**b** English cheese.
**c** change some money.
**d** accept cheques.
**e** any lambswool pullovers?

## *4. Wie sagt man auf der Insel?*

**1.** Ich habe nur Zehnpfundscheine.
**2.** in der Nähe
**3.** an der nächsten Ecke
**4.** Wir nehmen keine Schecks.
**5.** Wie ist der Wechselkurs?

## Kaufen & Mode

**ein Paar Schuhe**
*a pair of shoes*

**Regenschirm**
*umbrella*

**Bluse**
*blouse*

**Tweed-Anzug**
*tweed suit*

**Krawatte**
*tie*

**Käse**
*cheese*

**Farbe**
*colour*

**Größe**
*size*

**Marke**
*make*

**Herrenmode**
*men's wear*

**Stock**
*floor*

**Abteilung**
*department*

**Damenmode**
*ladies' wear*

**Erdgeschoss**
*ground floor*

**Leinen**
*linen*

**Lammwolle**
*lambswool*

## Verben

**suchen**
*looking for*

**sehen**
*see*

**zeigen**
*show*

**wissen**
*know*

**kaufen**
*buy*

**verkaufen**
*sell*

**aussehen wie**
*look like*

**anprobieren**
*try on*

**wechseln**
*change*

**empfehlen**
*recommend*

**zahlen**
*pay*

**annehmen**
*accept*

## Sonstiges Allerlei

**dieser da**
*this one*

**einen anderen**
*another*

**ziemlich**
*quite*

**sicher**
*sure*

**mir**
*me*

**wirklich**
*really*

**zweiter**
*second*

**auch**
*also*

**Ehefrau**
*wife*

**dritter**
*third*

**sie**
*them*

**vielleicht**
*maybe*

**zu**
*too*

**dort drüben**
*over there*

**warum?**
*why?*

**Schein**
*note*

**typisch**
*typical*

**alle**
*all*

**nächsten**
*next*

**von jedem**
*of each*

**Scheck**
*cheque*

**Bank**
*bank*

**in der Nähe**
*near here*

**nur**
*only*

**hoch**
*high*

## Drumherum im Geschäft

**schön**
*nice*

**teuer**
*expensive*

**billiger**
*cheaper*

**pfiffig**
*smart*

**grün**
*green*

**rot**
*red*

**grau**
*grey*

**groß**
*big*

**klein**
*small*

| Kleine Farblehre | Stoffe |
|---|---|
| Roses are **red.** | **silk** Seide |
| Milk is **white.** | **cotton** Baumwolle |
| The night is **black.** | **leather** Leder |
| Whisky is **golden.** | **wool** Wolle |
| Water is **blue.** | **lambswool** Lammwolle |
| Grass is **green.** | **plastic** Plastik |

### *Notenkunde*

Diese Scheine – 50, 20, 10, 5 – finden Sie vor. Ein *pound* hat 100 *pence.* Folgende Münzen sind im Umlauf: 1 *penny*, 2 , 5, 10, 20, 50 *pence* und 1 *pound.*

### *Kleiderschrank*

| | | | |
|---|---|---|---|
| **shirt** | Hemd | **shoe** | Schuh |
| **trousers** | Hose | **blouse** | Bluse |
| **skirt** | Rock | **hat** | Hut |
| **tie** | Krawatte | **pullover** | Pullover |
| **dress** | Kleid | **jacket** | Jacke |
| | | **suit** | Anzug |

### *Autofahrer aufgepasst!*

Links fahren, Vorfahrt rechts vor links gilt nicht.

| | |
|---|---|
| **roundabout** | «Kreisel»: Vorfahrt hat, wer schon drin ist. |
| **speed limit** | «Geschwindigkeitsbeschränkung»: in Ortschaften 48 km/h, Landstraßen 96 km/h, Autobahnen 112 km/h. |
| **double yellow line** | «doppelte gelbe Linie»: absolutes Halteverbot. |

Einzelne Linie heißt: eingeschränktes Parken möglich, aber auf Schilder achten! Die zeigen, bisweilen recht klein geraten, die Parkdauer an.

## 1. Welcher Satz ist richtig?

**1a.** Can you change a twenty pound note, please?
**1b.** Do you change a twenty pound note, please?

**2a.** I'd like a typical English umbrella.
**2b.** I'll like a typical English umbrella.

**3a.** Where can I look a red linen blouse?
**3b.** Where can I get a red linen blouse?

**4a.** What size have you?
**4b.** What size are you?

**5a.** I'm looking for some English cheese, please.
**5b.** I'm like for some English cheese, please.

## 2. Übersetzen Sie

**1.** Pullover
**2.** Poster
**3.** ein Paar Schuhe
**4.** einen Regenschirm
**5.** Leinenbluse
**6.** Tweed-Anzug
**7.** Herrenmode

## 3. Was stimmt: a, b oder c?

**1.** Can you ............ this fifty pound note, please?
**a** like
**b** change
**c** help

**2.** I'm .............. for a pair of shoes.
**a** looking
**b** show
**c** know

**3.** What about this ......?
**a** sure
**b** smart
**c** one

**4.** This one .......... expensive.
**a** size
**b** isn't
**c** haven't

**5.** Can I ...... it on?
**a** try
**b** change
**c** sell

**6.** What ........ are you?
**a** money
**b** souvenir
**c** size

**7.** I'll have a pound of .........
**a** accept
**b** smart
**c** each

## 4. Wie sagen Sie auf Englisch?

1. Wie wär's mit diesem?
2. Welche Größe haben Sie?
3. Diese ist nicht sehr teuer.
4. Damenmode ist im zweiten Stock.
5. Kann ich den anprobieren?
6. Wo kann ich eine Bluse bekommen?
7. Ich glaube, die ist zu groß.
8. Kann ich mit Scheck bezahlen?
9. Wie ist der Wechselkurs?

## 5. Haben Sie aufgepasst?

1. Harrods ist
a das Spitzenpferd des englischen Reitsports.
b eine berühmte Käsesorte auf der Insel.
c Londons größtes und traditionsreichstes *department store*.

2. Ein britischer Nationalsport ist,
a Kommentare über die Rezession in der Zeitung zu lesen.
b um alles Erdenkliche zu wetten.
c in den Großstädten nachts durch dunkle Gassen zu laufen.

3. Die Jacketts vieler Touristen sehen oft fehlgeschneidert aus, weil
a man – traditionsbewusst – Opas Jacke nicht wegwirft.
b auf der Insel andere Maße gelten.
c die Münzen in den Taschen so schwer sind.

4. Die Britannia sitzt auf dem Rücken eines Löwen auf
a der Fünfzigpfundnote.
b auf dem siebeneckigen silbernen *fifty pence piece*.
c im britischen Unterhaus.

5. Wollen Sie mal die englische Art des *shopping* erleben, so
a greifen Sie zum Telefonhörer Ihres Hotelzimmers und ordern frei Haus.
b fahren Sie zu Harrods am Frankfurter Flughafen.
c nehmen Sie einen roten Bus und steigen aus, wenn Sie einen großen Supermarkt sehen.

Als am 5. Juli 1948 der *National Health Service* (Nationaler Gesundheitsdienst) aus der Taufe gehoben wurde, wussten die Briten dieses Ereignis mit Stolz zu würdigen. Denn die Einrichtung einer gleichen medizinischen Versorgung für alle Menschen verstand man als Konsequenz eines langen und leidigen Lernprozesses.

Die ungeheuren Auswirkungen der industriellen Revolution und des damit einhergehenden modernen Kapitalismus auf die Gesundheit der britischen Bevölkerung führten zu einem neuen Verständnis von Krankheit. Dementsprechend konnte das Krankwerden nicht mehr als gottgegebene Notlage angesehen werden, die höchstens mit milden Gaben zu lindern war. Spätestens ab Mitte des neunzehnten Jahrhunderts war klar geworden: Wer arm war, wurde eher krank und starb früher. Da Armut als typische Schwäche der modernen Industriegesellschaft bekannt war, empfand man die Schaffung eines *National Health Service* (*NHS*) mit Betonung auf Vorbeugung und Aufklärung über Ernährung und Hygiene keineswegs als Form der Mildtätigkeit, sondern vielmehr als mündigen und mutigen Schritt der Menschen in gesellschaftliche Selbstverantwortung.

Und heute? In der Presse häufen sich die Katastrophenmeldungen: jahrelange Wartezeiten für Operationen; Streiks der *nurses* (Krankenschwestern und -pfleger) gegen Lohnkürzung; ein sich ständig verschlechternder Zustand der Zähne und Augen der Briten; *GPs* (*general practitioners*, Hausärzte), die ihren Patienten aus Kostengründen die Überweisung an *specialists* (Fachärzte) verweigern müssen; *dentists* (Zahnärzte), die es ablehnen, Patienten ohne *private insurance* (Privatversicherung) zu behandeln. Was ist passiert?

Wer die Briten hierüber befragt, wird in deren Reaktionen eine eigenartige Mischung aus Stolz, Wut, Trauer und Realismus vernehmen. In den letzten zwanzig Jahren mussten riesige Kürzungen im Gesundheitssektor hingenommen werden. Dabei sehen viele die Privatisierungswelle der neunziger Jahre als fehlgeschlagene Notlösung. Die realistische Einsicht, dass in Zeiten des wirt-

# No problem
## *Kein Problem*

schaftlichen Umbaus der *health service* kaum unangetastet bleiben konnte, vermag wohl den Stolz darüber nicht zu verdrängen, dass der ursprünglich eingeschlagene Weg weder falsch noch verwerflich war. Trauer und Wut kommen auf, wenn man sich nach Härten erkundigt, die die Befragten oder ihre Familienmitglieder selbst erlitten haben. Dabei werden vier Dinge immer wieder beklagt: die Rezeptgebühren, die jahrelangen Wartezeiten für bestimmte Operationen, die viel zu hohen Selbstbeteiligungsbeiträge für zahnmedizinische Versorgung (es lassen sich daher immer weniger Leute behandeln) und die auf den Vorkriegsstand geschrumpfte staatliche Subvention für Sehtests und Brillenkauf (heute wird manche Brille ohne Sehtest sozusagen nach «Augenmaß» am Kiosk gekauft).

Da die meisten Touristen Großbritannien nur kurze Zeit besuchen, entstehen für Reisende, vor allem aus den europäischen Nachbarstaaten, nur selten Probleme. Grundsätzlich ist jede Form der Akutversorgung kostenlos. Sollte – zum Beispiel beim Zahnarzt – eine Selbstkostenbeteiligung verlangt werden, wird die deutsche Versicherung nach Vorlage der entsprechenden Rechnung in der Regel für die Aufwendungen aufkommen, die sie auch in Deutschland erstatten würde.

Im Krankheitsfall sollte man zu einem *GP* (praktischen Arzt) oder zur *casualty* (Ambulanz) eines Krankenhauses gehen. Beim Ersteren ist es hilfreich, wenn man sich an die *surgery hours* (Sprechstunden) hält und vorher bereits *an appointment* (Termin) telefonisch vereinbart. Braucht man irgendeine *medicine* (Arzneimittel), schreibt der Arzt *a prescription* (Rezept) aus, das man zum *chemist* (Apotheke) nimmt. Ein Tipp: Lassen Sie sich von Ihrer Versicherung eine Liste mit den Telefonnummern der britischen Familienarzt-Ausschüsse geben. Diese helfen Ihnen bei der Vermittlung der geeigneten medizinischen oder zahnärztlichen Versorgung.

**make an appointment** *einen Termin vereinbaren*

**whom?** *wen?*

**husband** *Ehemann*

**temperature** *Fieber*

**patient** *Patient*

**on holiday** *im Urlaub*

**come** *kommen*

**today** *heute*

**urgent** *dringend*

**within** *innerhalb*

**practice** *Praxis*

**could** *könnten*

**what's the problem?** *was fehlt Ihnen denn?*

**possible** *möglich*

**left** *liegen lassen*

**teeth** *Zähne*

**better** *besser*

**what's wrong?** *wo fehlt's denn?*

**terrible** *fürchterlich*

**headache** *Kopfschmerzen*

**did** *tat*

**start** *anfangen*

**pain** *Schmerz*

**chest** *Brust*

**smoke** *rauchen*

**should** *sollten*

**less** *weniger*

### *Mehr oder weniger*

Wer **mehr** essen will, der ordert **more potatoes.**
Wer **weniger** trinken will, der sagt: **less wine.**

### *did*

| | |
|---|---|
| **When did it start?** | Wann fing es an? |

Wieder mal die Umschreibung mit *to do*. Diesmal in der Vergangenheitsform. Aus *do* oder *does* wird *did*, alles andere bleibt gleich. Das ist schon alles.

| | |
|---|---|
| **What did you do?** | Was machtest du? |
| **Why did he come?** | Warum kam er? |
| **Did we smoke?** | Rauchten wir? |

## Beim Arzt

| | |
|---|---|
| **Can I make an appointment?** | Kann ich einen Termin vereinbaren? |
| ***For whom?*** | *Für wen?* |
| **For my husband. He's got a temperature.** | Für meinen Mann. Er hat Fieber. |
| ***Are you one of our patients?*** | *Sind Sie Patient bei uns?* |
| **We're on holiday here.** | Wir sind hier im Urlaub. |
| ***Oh, I see. Can he come tomorrow morning at nine?*** | *Ach ja. Kann er morgen um neun kommen?* |
| **What about today?** | Und heute? |
| ***Is it urgent?*** | *Ist es dringend?* |
| **Well, he's got a temperature of 40.5.** | Nun, er hat vierzig Komma fünf Fieber. |
| ***Can he be here within the next hour?*** | *Kann er innerhalb der nächsten Stunde hier sein?* |
| **Yes, thank you so much.** | Ja, recht herzlichen Dank. |
| **Dr. White's practice.** | Praxis Dr. White. |
| ***I'd like to make an appointment, please.*** | *Ich würde gern einen Termin haben.* |
| **When could you come?** | Wann können Sie kommen? |
| ***Right now, if it's possible.*** | *Jetzt sofort, wenn es möglich ist.* |
| **No, I'm sorry. Could you come at six o'clock?** | Nein, tut mir Leid. Könnten Sie um sechs Uhr? |
| ***Well, it's urgent.*** | *Ach, es ist dringend.* |
| **What's the problem, sir?** | Was fehlt Ihnen denn? |
| ***I've left my teeth on the bus.*** | *Ich habe meine Zähne im Bus liegen lassen.* |
| **Well, how about three-thirty then?** | Nun, wie wär's mit halb vier? |
| ***That's much better. Thank you very much.*** | *Das ist viel besser. Vielen Dank.* |
| **Good morning.** | Guten Morgen. |
| ***So what's wrong?*** | *Nun, was fehlt Ihnen denn?* |
| **I've got a terrible headache, doctor.** | Ich habe schreckliche Kopfschmerzen, Doktor. |
| ***When did it start?*** | *Wann fingen die an?* |
| **Yesterday morning. And I've got a pain in my chest.** | Gestern morgen. Und ich habe Schmerzen auf der Brust. |
| ***Do you smoke?*** | *Rauchen Sie?* |
| **Oh yes, I like smoking.** | O ja, ich rauche gern. |
| ***You should smoke less.*** | *Sie sollten weniger rauchen.* |
| **Thank you very much.** | Vielen Dank. |

## 1. Welche Antwort passt?

1. For whom?
   **a** For my husband.
   **b** He's got a temperature.

2. What about nine o'clock?
   **a** I've got a headache.
   **b** That's much better.

3. What's the problem?
   **a** Right now, if it's possible.
   **b** I've left my teeth on the tube.

## 2. Was passt zusammen?

**1.** I've got a
**2.** I'd like to make
**3.** I think
**4.** I've got a pain
**5.** Could you come

**a** it's urgent.
**b** in my chest.
**c** at six?
**d** an appointment.
**e** terrible headache.

## 3. Sagen Sie, was Sie weniger oder mehr tun sollten

«You should *drink* less!»

**1.** drink less
**2.** smoke less
**3.** buy more
**4.** eat less
**5.** pay more
**6.** drink more
**7.** know more
**8.** sell more
**9.** buy less

## 4. Sagen Sie's auf Englisch

**1.** Ich hätte gern einen Termin.
**2.** Es ist dringend.
**3.** Er hat Fieber.
**4.** Ich rauche gern.
**5.** Ich habe schreckliche Kopfschmerzen.

## «Ruf doch mal an»

Wer kennt sie nicht, die knallrote *telephone box* (Telefonzelle), die in jedem britischen Film, in jedem Schulenglischbuch zu sehen war? Es schien fast, als verkörperte sie alles Britische schlechthin. Statt an einer Londoner Straßenecke findet man sie aber heute eher als Kuriosum in deutschen Fußgängerzonen wieder oder als teure Duschkabine in den Wohnungen der nostalgiehungrigen Schickeria. Seitdem British Telecom als Aktiengesellschaft firmiert, sind die roten Häuschen aus dem britischen Straßenbild verschwunden, ersetzt durch weniger auffällige Exemplare aus Plexiglas. War es früher schwierig, ein funktionierendes Telefon zu finden, zählt man sich heute zu den Glücklichen, wenn man eine Telefonzelle ortet, die Münzen annimmt. Wer also viel unterwegs telefonieren muss, der spart sich am besten den ganzen Ärger und kauft sich ein Handy *(mobile)* oder mindestens eine *phonecard* (Telefonkarte) – in jedem Tabakladen erhältlich.

Hält die Lauferei bei der Suche nach der Telefonzelle einigermaßen fit, wie erst müssten wir schwitzen, gäbe es überhaupt kein Telefon: beispielsweise bei dem *breakdown* (Panne) auf dem *motorway* (Autobahn), oder wenn es schon wieder keine *towels* (Handtücher) im Hotelzimmer gibt, oder wenn man – am leichtesten mit Hilfe einer Kreditkarte – *tickets* (Karten) fürs Musical im West End reservieren möchte. Oder ganz einfach beim Auftreiben jenes netten Londoners, den man während eines Spanienurlaubs vor einigen Jahren kennen gelernt hat.

Wählen Sie eine Privatnummer in Großbritannien, wundern Sie sich nicht, wenn die sich meldende Stimme jene Nummer wiederholt, die Sie gerade erst gewählt haben. Denn es wird erwartet, dass Sie sich vorstellen und sagen, was Sie wollen. Es kann auch vorkommen, dass Ihr englischer Freund ganz einfach mit «Hello» antwortet. Nur selten gibt der Angerufene seinen Namen als Erster preis. Es entspricht nämlich dem britischen Höflichkeitsverständnis, dass der telefonisch Bittende, der Eindringling in die heilige Privatsphäre, sich zuerst ausweist. So sagen Sie: *This is Gaby, can I talk to Andrew, please?*

Hier eine letzte nützliche «telefonische» Auskunft, die Sie aber hoffentlich nie brauchen werden: Die Notrufnummer für *ambulance* (Krankenwagen), *fire service* (Feuerwehr) und *police* (Polizei) kennt jedes britische Schulkind: 999.

**may** *dürfte*

**licence** *Führerschein*

**I'm afraid** *ich fürchte*

**police-station** *Polizeirevier*

**car** *Auto*

**double yellow line** *gelbe Doppellinie*

**broken down** *eine Panne haben*

**between** *zwischen*

**speak to** *sprechen mit*

**must** *muss*

**have the wrong number** *sich verwählen*

41

**answer the phone** *abheben*

**operator** *Vermittlung*

**connection** *Verbindung*

**dialed** *gewählt*

**country code** *Landesvorwahl*

**have to** *müssen*

**leave out** *weglassen*

**local code** *Vorwahl*

### *Zweimal «müssen»*

| | |
|---|---|
| **I *must* have the wrong number.** | Ich *muss* mich verwählt haben. |
| **You *have to* dial the local code.** | Sie *müssen* die Ortsvorwahl wählen. |

Die Briten haben für «müssen» zwei Ausdrucksmöglichkeiten. Also aufgepasst!

## Kleine Probleme

| | |
|---|---|
| **May I see your licence, please?** | Dürfte ich bitte Ihren Führerschein sehen? |
| ***I'm afraid it's at home.*** | *Ich fürchte, der ist zu Hause.* |
| **Can you take it to a police-station?** | Können Sie ihn bei einem Polizeirevier vorbeibringen? |
| ***Of course. When?*** | *Aber natürlich. Wann?* |
| **As soon as possible, sir.** | So bald wie möglich, Sir. |
| ***O.K. Goodbye.*** | *In Ordnung. Auf Wiedersehen.* |
| **Sir! What about the car?** | Sir! Was ist mit dem Wagen? |
| ***What's wrong with it?*** | *Was ist los damit?* |
| **You're on a double yellow line!** | Sie stehen auf einer gelben Doppellinie! |
| | |
| ***A. A. Good afternoon. My car's broken down.*** | *A. A. Guten Tag. Ich habe eine Panne.* |
| **Well, where are you?** | Also, wo sind Sie? |
| ***On the A 12, between Colchester and Witham.*** | *Auf der A 12, zwischen Colchester und Witham.* |
| **Someone will be with you soon.** | Wir schicken jemanden. |
| | |
| **Eight - oh - six - four - nine.** | Acht - null - sechs - vier - neun. |
| ***Can I speak to Elizabeth ?*** | *Kann ich mit Elisabeth sprechen?* |
| **You must have the wrong number.** | Sie müssen sich verwählt haben. |
| ***Well, if I have the wrong number ...*** | *Nun, wenn ich die falsche Nummer habe ...* |
| **Yes?** | Ja? |
| ***Why did you answer the phone?*** | *Warum sind Sie dann ans Telefon gegangen?* |
| | |
| **Operator. Can I help you?** | Vermittlung. Kann ich Ihnen behilflich sein? |
| ***Yes, I can't get a connection.*** | *Ja, ich kann keine Verbindung kriegen.* |
| **Where to?** | Wohin? |
| ***To Germany.*** | *Nach Deutschland.* |
| **Have you dialed the country code?** | Haben Sie die Ländervorwahl gewählt? |
| ***Yes, is it 01049?*** | *Ja, das ist doch 01049?* |
| **Yes. You have to leave out the zero of the local code.** | Richtig. Sie müssen die Null der Vorwahl auslassen. |
| ***Oh, I see. Thank you very much.*** | *Oh, ich verstehe. Vielen Dank.* |

## 1. *Was passt zusammen?*

**1.** You have to
**2.** May I see
**3.** Someone will
**4.** I can't get
**5.** Have you dialed

**a** be with you.
**b** a connection.
**c** leave out the zero.
**d** the country code?
**e** your licence?

## 2. *Sagen Sie, was Sie gestern nicht getan haben*

«I didn't *see the double yellow line.*»

**1.** see / the double yellow line
**2.** make / an appointment
**3.** leave out / the zero
**4.** dial / the local code
**5.** help / the operator

## 3. *Welche Antwort passt?*

**1.** What's wrong?
**a** There's a double yellow line.
**b** Someone will be with you.

**2.** Where are you?
**a** Oh, I see.
**b** On the A12 between Colchester and Whitham.

**3.** Can I help you?
**a** My car's broken down.
**b** I left it at home.

**4.** May I see your licence?
**a** I can't get a connection.
**b** Here you are.

**5.** Have you dialed the country code?
**a** Yes, is it 01049?
**b** I left it at home.

## 4. *Sagen Sie's auf Englisch*

**1.** Ich fürchte, der ist zu Hause.
**2.** Ich kann keine Verbindung kriegen.
**3.** Ich habe eine Panne.
**4.** Sie müssen die Null weglassen.
**5.** Bringen Sie ihn bei einem Polizeirevier vorbei.

## Lob des Smalltalks

*Some small talkers are big talkers!* Das heißt: Es gibt Leute, die schwätzen den lieben langen Tag, ohne je etwas Wichtiges zu sagen. Ist das so schlimm? Der berühmt-berüchtigte britische *small talk* wird fast immer als etwas Belangloses belächelt. Bisweilen geht es dem deutschen Besucher richtig auf den Wecker: Wie die das schaffen, stundenlang über nichts zu plaudern! Und alles ist so *nice*, so verdammt *nice*!

Es stimmt: Smalltalk wird als Vermeidungstaktik oft mißbraucht, als Ersatz für ein Gespräch, wenn man sich nichts zu sagen hat. Oder es gibt offene Fragen – nach der Höhe des Gehalts, dem Marktwert des Eigenheims, dem Grund für den Arztbesuch, dem Sinn des Lebens –, deren gemeinsame und offene Klärung die meisten Briten viel weniger zu pressieren scheint, als dies dem deutschen Gast lieb sein mag. Dabei übersieht der frustrierte, auf das Wesentliche pochende Besucher etwas: Der Wert des Smalltalks liegt nicht etwa im Nutzen des ausgewählten Themas, sondern in seiner großen Nutzlosigkeit, eben darin, dass es nichts zur Sache tut. Smalltalk ist Überfluss, reiner Luxus, Großzügigkeit.

Smalltalk wirkt gerade in seinem verschwenderischen Charakter befreiend. Er ist sogar subversiv, zumindest ökonomisch. Nicht umsonst heißt es in der Bibel: «Wo man arbeitet, da ist Gewinn; wo man aber nur mit Worten umgeht, da ist Mangel.» In einer Welt, in der alles in Nutzen und Mehrwert wandelbar sein muss, bevor es überhaupt Beachtung findet, wirkt der Smalltalker wie Sand im Getriebe. Demgegenüber steht der Typ des Schaffers, für den Zeit Geld ist und der auf der Autobahn die Sau herauslassen muss, weil ihn sonst das Bruttosozialprodukt völlig im Griff hat. Für ihn ist Schweigen Gold: Er kennt keinen müßigen Umgang mit Worten, er kennt den Luxus nicht, übers Wetter zu reden, er kennt nur Arbeit.

«Treffen sich zwei Engländer, sprechen sie als Erstes über das Wetter», schrieb Samuel Johnson, der Verfasser des ersten Wörterbuchs der englischen Sprache. Wen wundert es, wenn dies Thema fürs Erste auch reicht! Es dürfte schließlich wenige Länder geben, die mit einem solch vielseitigen Klima gesegnet sind. *The weather is gorgeous* (prächtig), *dreadful* (schrecklich), *lovely* (wunderschön), *threatening* (bedrohlich), *changeable* (wechselhaft), *dreary* (trist), *unreliable* (unzuverlässig) – also recht menschlich. Es bietet außerdem Gelegenheit für jene verbindliche Art der Ironie, die den Briten und Iren eigen ist. Regnet es ununterbrochen seit Tagen, könnten sich zwei Pudelnasse im Vorbeigehen etwa so austauschen: *Dreadful weather!* Antwort: *Could be worse!* (Könnte schlechter sein!)

**gallery** *Galerie*

**traffic lights** *Ampel*

**turn** *abbiegen*

**turning** *Abzweigung*

**left** *links*

**complicated** *kompliziert*

**not at all** *überhaupt nicht*

**walk you there** *Sie hinbringen*

**you're welcome** *gern geschehen*

**get together** *sich treffen*

**weather** *Wetter*

**like** *wie*

**rain** *regnen*

**warm** *warm*

**sunny** *sonnig*

**trip** *Ausflug*

**great!** *toll!*

**sold out** *ausverkauft*

**seat** *Platz*

**restricted view** *eingeschränkte Sicht*

## *Kleine Wetterkunde*

| | | |
|---|---|---|
| It will be | **sunny** | sonnig |
| | **foggy** | neblig |
| | **cold** | kalt |
| | **warm** | warm |
| | **hot** | heiß |
| The weather is | **terrible** | schrecklich |
| | **wet** | feucht |
| | **wonderful** | herrlich |
| | **dry** | trocken |
| | **windy** | windig |
| | **bad** | schlecht |
| | **cloudy** | bewölkt |
| It may | **rain** | regnen |
| | **snow** | schneien |

## *In London*

| | |
|---|---|
| **Excuse me, where is the Tate Gallery, please?** | Entschuldigung, zur Tate Gallery bitte. |
| ***Go to the traffic lights.*** | *Gehen Sie bis zur Ampel.* |
| **And then?** | Und dann? |
| ***Turn right. Take the second turning on the left.*** | *Nach rechts. Nehmen Sie die zweite links.* |
| **That's quite complicated.** | Das ist ziemlich kompliziert. |
| ***No, not at all. I can walk you there.*** | *Nein, überhaupt nicht. Ich kann Sie hinbringen.* |
| **That's very kind of you.** | Das ist sehr nett von Ihnen. |
| ***You're welcome.*** | *Gern geschehen.* |
| | |
| **So, I'm Mike, what's your name?** | Ich bin Mike, und wie heißt du? |
| ***I'm Emma Rogers.*** | *Ich bin Emma Rogers.* |
| **I'd like to buy you a drink.** | Wie wär's mit einem Drink. |
| ***O.K., we could get together sometime.*** | *Okay, wir könnten uns mal treffen.* |
| **I would like that.** | Das würde mir gefallen. |
| ***Here's my telephone number.*** | *Hier, meine Telefonnummer.* |
| | |
| **What will the weather be like in Norwich?** | Wie wird das Wetter in Norwich? |
| ***It will rain.*** | *Es wird regnen.* |
| **And in Swansea?** | Und in Swansea? |
| ***It'll be warm and sunny.*** | *Wird es warm und sonnig sein.* |
| **Well, how about a trip to Swansea then?** | Gut, wie wär's mit einem Ausflug nach Swansea? |
| ***Great!*** | *Toll!* |
| | |
| **Two tickets for Romeo and Juliet, please.** | Bitte zwei Karten für Romeo und Julia. |
| ***I'm sorry. We're sold out.*** | *Tut mir Leid. Wir sind ausverkauft.* |
| **And what about tomorrow?** | Und morgen? |
| ***There are seats for twenty pounds.*** | *Da gibt es noch Plätze für zwanzig Pfund.* |
| **Eem, are there cheaper ones?** | Ach, gibt es billigere? |
| ***Yes, for five pounds with restricted view.*** | *Ja, für fünf Pfund mit eingeschränkter Sicht.* |
| **What's a restricted view?** | Was bedeutet eingeschränkte Sicht? |
| ***Well, you can only see Romeo.*** | *Nun, Sie können nur den Romeo sehen.* |
| **That's okay, I'll take two tickets.** | Gut, ich nehme zwei Karten. |

## 1. Sagen Sie, wie das Wetter wird

«It will be *sunny* tomorrow.»

1. sunny 2. warm 3. foggy 4. hot 5. cloudy

45

## 2. Etwas fehlt: Setzen Sie es ein

1. .... to the traffic lights.
2. Take the second .................. on the left.
3. ........ right.
4. I can .......... you there.
5. ............ is the Tate Gallery, please?

## 3. Welche Antwort passt?

1. What will the weather be like in Glasgow?
   a I would like that.
   b It will be sunny.

2. Are there cheaper tickets?
   a Yes, for five pounds.
   b I'd like to buy you a drink.

3. What's a restricted view?
   a You can't see much.
   b It may be sunny.

4. Where is the Tower of London, please?
   a Here's my telephone number
   b Take the second turning on the right.

5. What about tomorrow?
   a There are cheaper o[illegible]
   b Sorry, we're sold o[illegible]

6. How about a trip to Wales?
   a We could ... ether some...
   b I'd love ...

## 4. Rät...

...er eine h... Säule

1. Sie sehen vor allem den Kopf Ihrer ...er werd... beim Theaterbesuch. ...depress...
2. Beachten Sie ihre Farben nic...ise anuf der Bühn...
3. Macht Sie fröhlich und ak... das S...
4. Dort hängen heutzut...
5. Da sitzen Sie drauf...

## Beim Arzt

**einen Termin vereinbaren**
*make an appointment*

**Patient**
*patient*

**dringend**
*urgent*

**Temperatur**
*Fieber*

**was fehlt Ihnen denn?**
*what's the problem?*

**Zähne**
*teeth*

**wo fehlt's denn?**
*what's wrong?*

**fürchterlich**
*terrible*

**Kopfschmerzen**
*headache*

**Schmerz**
*pain*

**Brust**
*chest*

**Praxis**
*practice*

## Straße und Verkehr

**Führerschein**
*licence*

**eine Panne[illegible]aben**
*broken down*

**Galerie**
*gallery*

**Ampel**
*[illegible]affic lights*

**[illegible]iegen**
*[illegible]*

**Abzweigung**
*turning*

**links**
*left*

**Auto**
*car*

**Polizeirevier**
*Police-station*

**gelbe Doppellinie**
*[illegible]ouble yellow [illegible]*

## Telef[illegible]

**sprec[illegible]**
*speak[illegible]*

**sich ve[illegible]**
*have th[illegible] number*

**abheben**
*answer th[illegible]*

**[illegible]rmittlun[illegible]**
*operator*

**[illegible]it**

**[illegible]ng**

## Verben

**kommen**
*come*

**könnten**
*could*

**tat**
*did*

**anfangen**
*start*

**rauchen**
*smoke*

**sollten**
*should*

**ich fürchte**
*I'm afraid*

**dürfen**
*may*

**müssen**
*have to / must*

**weglassen**
*leave out*

**Sie hinbringen**
*walk you there*

**sich treffen**
*get together*

**liegen gelassen**
*left*

## Sonstiges

**wen**
*whom?*

**Ehemann**
*husband*

**im Urlaub**
*on holiday*

**heute**
*today*

**gestern**
*yesterday*

**innerhalb**
*within*

**möglich**
*possible*

**besser**
*better*

**weniger**
*less*

**zwischen**
*between*

**kompliziert**
*complicated*

**überhaupt nicht**
*not at all*

**wie**
*like*

**Ausflug**
*trip*

**toll!**
*great!*

**ausverkauft**
*sold out*

**Platz**
*seat*

**eingeschränkte Sicht**
*restricted view*

## Wetter

**Wetter**
*weather*

**[illegible]arm**
*[illegible]rm*

**sonnig**
*sunny*

**regnen**
*rain*

## *Nach dem Weg fragen*

| | |
|---|---|
| **Go straight ahead.** | Gehen Sie geradeaus. |
| **Turn right.** | Gehen Sie nach rechts. |
| **Turn left.** | Fahren Sie nach links. |
| **Take the first turning.** | Nehmen Sie die erste Abzweigung. |

## *Es tut was weh*

| | |
|---|---|
| **it hurts** | es tut weh |
| **I feel sick** | mir ist übel |
| **stomach-ache** | Bauchschmerzen |
| **headache** | Kopfschmerzen |
| **toothache** | Zahnschmerzen |
| **the flu** | Grippe |
| **a cold** | Erkältung |
| **sore throat** | Halsweh |

## *Vom Übersetzen*

**My car's broken down.** Ich habe eine Panne.
Wörtlich: Mein Auto ist kaputtgegangen.

**Someone will be with you soon.** Wir schicken jemanden vorbei.
Wörtlich: Jemand wird bald mit Ihnen sein.

Sie sehen, wörtliches Übersetzen hilft Ihnen nicht gerade sehr viel. Versuchen Sie lieber, den Sinn des Satzes in ein Bild zu übersetzen. Verbinden Sie dieses Bild mit dem englischen Satz. Im Bilde?

## 1. Was stimmt: a, b oder c?

1. Can I ........ an appointment?
   a make
   b temperature
   c holiday
2. It's ..............
   a pain
   b urgent
   c come
3. I've got a ................ headache.
   a within
   b possible
   c terrible
4. I .......... see the double yellow line.
   a didn't
   b between
   c take
5. I can't ...... a connection.
   a wrong
   b licence
   c get
6. Have you dialed the ............ code?
   a country
   b sign
   c soon
7. .......... the second turning on the left.
   a sometime
   b take
   c grateful

## 2. Für die Grammatiker. Welche Frage ist richtig?

**1a.** Can I make an appointment?
**1b.** Have I make an appointment?

**2a.** Could you come at six o'clock?
**2b.** Could you take at six o'clock?

**3a.** When has it start?
**3b.** When did it start?

**4a.** Will you dialed the local code?
**4b.** Have you dialed the local code?

**5a.** What will the weather be like?
**5b.** What did the weather be like?

## 3. Was passt nicht?

1. practice – teeth – trip – temperature
2. traffic lights – turning – gallery – broken down
3. seats – Romeo – restricted view – appointment
sunny – warm – urgent – rain
onnection – local code – number – yellow line

## 4. Wie sagen Sie das auf Englisch?

1. eine sonnige Biegung
2. ein freier Drink
3. ein gelbes Wetter
4. ein heißes Fieber
5. eine dringende Verbindung
6. eine kalte Ortsvorwahl
7. ein bedeckter Jemand
8. eine komplizierte Sicht

## 5. Haben Sie aufgepasst?

1. Der *National Health Service* sorgt dafür, dass Kranke

a eine warme Mahlzeit pro Tag erhalten.
b grundsätzlich keine Operation mehr brauchen.
c kostenfrei den Arzt konsultieren können.

2. Eine Liste der Familienarzt-Ausschüsse kann nützlich sein

a bei der Vermittlung des geeigneten Arztes im Krankheitsfall.
b für das Verständnis der riesigen Kürzungen im Gesundheitswesen.
c beim Kauf einer Brille am Kiosk an der Ecke.

3. Rufen Sie eine Privatnummer auf der Insel an, so hören Sie oft

a die britische Nationalhymne.
b eine Stimme, die Sie fragt, ob Sie eine Telefonkarte besitzen.
c eine Stimme, die eine Telefonnummer aufsagt.

4. Treffen sich zwei Engländer, sprechen sie wahrscheinlich zuerst über

a ihre chronischen Verdauungsbeschwerden.
b die gemeinsame Notrufnummer für Feuerwehr, Polizei und Krankenwagen.
c über das wunderbar wandelhafte Wetter auf der Insel.

5. Kommen Ihnen Ihre dritten Zähne im Urlaub abhanden, so

a schließen Sie sich im Hotelzimmer ein.
b gehen Sie zum Zahnarzt und hoffen auf ordentliche Rückerstattung in Deutschland.
c kaufen Sie Ihren Nahrungsbedarf in Tablettenform beim *chemist*.

6. Die für England typischen roten Telefonhäuschen finden Sie

a in jeder Arztpraxis.
b nur wenn es regnet.
c in deutschen Fußgängerzonen.

# Kurzgrammatik

## *Artikel*

| | | |
|---|---|---|
| **the** student | **the** students |
| **a** student | **two** students |
| **an** orange | **two** oranges |

Es gibt keine unterschiedlichen Formen für männlich, weiblich, sächlich. «Der», «die», «das» heißen *the*, «ein», «eine», «ein» heißen *a*. Bei Wörtern, die mit einem Selbstlaut beginnen, wird *a* zu *an*.

## *Singular und Plural*

Bildung der Mehrzahl von Substantiven durch Anhängen eines *-s*.

**students** **cars** **employees**

Bei Wörtern, die auf *-s* (*bus*) enden, wird *-es* angefügt. Ebenso bei Wörtern auf *-ch*: *coach - coaches*.

Adjektive bilden keine Mehrzahl.

## *Pronomen*

| | Personal | Dativ/Akkusativ | Possessiv |
|---|---|---|---|
| 1. Person **Einzahl** | **I** | **me** | **my ...** |
| 2. Person | **you** | **you** | **your ...** |
| 3. Person | **he** | **him** | **his ...** |
| | **she** | **her** | **her ...** |
| | **it** | **it** | **its ...** |
| 1. Person **Mehrzahl** | **we** | **us** | **our ...** |
| 2. Person | **you** | **you** | **your ...** |
| 3. Person | **they** | **them** | **their ...** |

## Verben

Es gibt bei den englischen Verben im Präsens nur in der dritten Person Einzahl eine veränderte Form. Dort wird, meistens, einfach *-s* an das Wort angehängt.

I eat
you eat
he, she, it eat**s**
we eat
you eat
they eat

Bei drei wichtigen Verben heißt es aber: aufgepasst!

| | **to be** | **to have** | **to do** |
|---|---|---|---|
| I | am | have | do |
| you | are | have | do |
| he, she, it | is | has | does |
| we | are | have | do |
| you | are | have | do |
| they | are | have | do |

## Fragen und Verneinen

Bei Fragen und Verneinungen wird zusätzlich das Wort *do* benutzt.

| | |
|---|---|
| I **don't** have any money. | Ich habe kein Geld. |
| **Do** you have any money? | Haben Sie Geld? |
| He **doesn't** drink milk. | Er trinkt keine Milch. |
| **Do** they drink milk? | Trinken Sie Milch? |

## Die Zukunft

Die Form der Zukunft wird gebildet mit dem Wort *will* und dem Verb. Für Vorhaben in der Zukunft wird diese Form benutzt. Man verwendet *will* genauso wie ein Hilfszeitverb.

**I will have**
**you will see**
...

Achtung! Die Verneinung heißt *won't* (aus: *will not*).

**We won't drink coffee.**

## *Die Hilfszeitwörter*

*Can* «können», *should* «sollen», *would* «würden» bleiben immer gleich. Sie werden auch nicht in Fragen und Verneinungen mit *do* umschrieben.

| **Aussage** | **Verneinen** | **Fragen** |
|---|---|---|
| I can eat | I can't eat | can I eat? |
| you can come | you can't come | can you come? |
| she can see | he can't see | can it see? |
| we can speak | we can't speak | can we speak? |
| you can take | you can't take | can you take? |
| they can have | they can't have | can they have? |

**ebenso:**

*must* «müssen», dabei ist zu beachten, daß sich die Bedeutung völlig verändert.

| | |
|---|---|
| He **must** eat. | Er muss essen. |
| He **mustn't** eat. | Er darf nicht essen. |

## *Perfekt*

Bildung mit *to have* und dem Vergangenheitspartizip der Verben.
Man denkt beim Gebrauch des Perfekts im Englischen an das deutsche «es hat geschneit». Der Schnee ist noch zu sehen. Das heißt, der Schneefall ist zwar vorbei, aber der Schnee ist noch da. Das Vorgefallene klingt irgendwie nach.

**I've drunk a glass of wine.**

Er sagt es sogar: Er spürt den herrlichen Wein noch.

| | |
|---|---|
| Bildung des Vergangenheitspartizips: | **work – worked** |
| regelmäßige Verben: Grundform + *-ed* | **walk – walked** |

| | |
|---|---|
| unregelmäßige Verben: | **be – been** |
| eben unregelmäßig, also zu büffeln. | **go – gone** |

Also:

| | | |
|---|---|---|
| **I have been** | **I've been** | **I haven't been** |
| **they have worked** | **they've worked** | **they haven't worked** |
| **you have gone** | **you've gone** | **you haven't gone** |

Perfekt!

## *Vergangenheit*

Wird angewendet für Vorgänge, die eindeutig vorbei sind. Meistens wird die vergangene Zeit auch benannt: «gestern», «vor fünf Minuten», «1789», «als ich fünf war».

Aus *do* wird *did* bei Fragen und Verneinungen.

| | |
|---|---|
| **Did** you work? | You **didn't** work. |
| **Did** he walk? | He **didn't** walk. |
| **Did** we drive? | We **didn't** drive. |

Bei positiven Satzaussagen wird an die Infinitivform des Verbs *-ed* angehängt.
Unregelmäßige Verben bilden eigene Formen.

## *Unregelmäßige Verben*

| | | |
|---|---|---|
| be | was | been |
| take | took | taken |
| get | got | got |
| leave | left | left |
| do | did | done |
| eat | ate | eaten |
| drink | drank | drunk |
| come | came | come |
| keep | kept | kept |
| see | saw | seen |
| know | knew | known |
| sell | sold | sold |
| lose | lost | lost |
| go | went | gone |

## Die Verlaufsform

Wird benutzt, um zu erklären, dass man etwas gerade tut.
Sie wird gebildet mit *am*, *are*, *is* und Infinitivform + *ing*.

**I'm looking.** **You're standing on my foot. She's coming.**

## Kurzformen

Die Briten mögen es knapp. Sie benutzen fast immer verkürzte Formen bei Zusammensetzungen.

| | | | | | |
|---|---|---|---|---|---|
| I am | **I'm** | I will | **I'll** | I would | **I'd** |
| you are | **you're** | you will | **you'll** | you would | **you'd** |
| he is | **he's** | she will | **he'll** | he would | **he'd** |
| we are | **we're** | they are | **they're** | | |
| they cannot | **they can't** | we cannot | **we can't** | | |

## Präpositionen

Wendet man englische Präpositionen entsprechend ihrer deutschen Bedeutung an, so kann es drunter und drüber gehen! Dennoch seien hier einige der wichtigsten aufgelistet:

| | | |
|---|---|---|
| **from** | aus | from Germany |
| **to** | nach/zu | the train to London |
| **by** | an/am | by the window |
| **to** | vor | a quarter to nine |
| **at** | um | at nine o'clock |
| **at** | an | at the station |
| **in** | in | in the soup |
| **in** | in | in an hour |
| **of** | von | a pound of each |
| **over** | über | over the ocean |
| **for** | für | for three nights |
| **for** | nach | looking for a room |
| **on** | auf | on the table |
| **on** | an | on the corner |
| **past** | nach | half past seven |
| **between** | zwischen | between you and me |

## *Steigerung*

Kurze englische Adjektive werden gesteigert durch Anhängen von *-er*.

| | |
|---|---|
| cheap | **cheaper** |
| nice | **nicer** |
| warm | **warmer** |

Mit dem Wort *more* werden die längeren Adjektive gesteigert.

| | |
|---|---|
| **more** | expensive |
| **more** | wonderful |

# Schlüssel

## Üben 1

① **1.** b **2.** a **3.** b **4.** b

② **1.** good morning/good afternoon/good evening **2.** how are you? **3** bye **4.** see you tomorrow **5.** not so bad **6.** nice to meet you

③ **1.** b **2.** d **3.** a **4.** c **5.** e

④ **1.** how do you do? **2.** good afternoon **3.** how are you? **4.** see you tomorrow **5.** good morning

## Üben 2

① **1.** Ich bin Ingenieur. **2.** Sind Sie aus der Schweiz? **3.** Ich arbeite in einem Büro. **4.** Ich heiße Paul. **5.** Bist du Student? **6.** Wo arbeitest du? **7.** Nein, ich bin Engländer. **8.** Bist du Deutsche? **9.** Ich bin der Chef.

② **1.** a **2.** b **3.** b **4.** a

③ **1.** student **2.** office **3.** engineer **4.** boss

④ **1.** my name is **2.** are you a student? **3.** in an office **4.** I'm German **5.** the employee **6.** where do you work? **7.** I'm the boss **8.** that's me **9.** are you from Switzerland?

⑤ **1.** do **2.** from **3.** your **4.** m **5.** an

## Üben 3

① **1.** d **2.** c **3.** a **4.** f **5.** e **6.** b

② **1.** ten **2.** five **3.** nine **4.** seven **5.** five **6.** four **7.** two

③ **1.** f **2.** r **3.** r **4.** r **5.** r

④ one, two, three – three, two, one – four, five, six – ten, nine, eight – seven, eight, nine – six, seven, eight

⑤ **1.** well **2.** English **3.** student

⑥ **1.** *five, three, five, nine, eight, seven, six*
**2.** *double four, six, eight, three, one, five*
**3.** *three, five, double seven, one, two, six*
**4.** *two, six, eight, six, nine, eight, three*
**5.** *one, seven, three, five, two, nine, four*

## *Prüfstand 1–3*

① **1.** It's ten o'clock. **2.** It's twelve o'clock. **3.** It's four o´clock. **4.** It's a quarter to eleven. **5.** It's five to twelve. **6.** It's a quarter pasteight. **7.** It's ten to nine.

② **1.** twelve **2.** two **3.** fourteen **4.** four **5.** five **6.** twenty **7.** ten **8.** nine **9.** eleven

③ **1.** b **2.** a **3.** c **4.** a **5.** c

④ **1.** c **2.** c **3.** c **4.** c **5.** c **6.** c

## *Üben 4*

① **1.** How much is a room? **2.** How much is a single room with private bathroom? **3.** How much is a double room without bathroom? **4.** How much is a taxi to Oxford Street? **5.** How much is the breakfast?

② **1.** b **2.** e **3.** d **4.** a **5.** c

③ **1.** a **2.** b **3.** b **4.** a **5.** a

## *Üben 5*

① **1.** trains **2.** buses **3.** hours **4.** tickets **5.** employees **6.** baths

② **1.** Three tickets to Newcastle, please. **2.** One ticket to Cambridge, please.

**3.** Two tickets to Ramsgate, please. **4.** Seven tickets to Edinburgh, please. **5.** Four tickets to Glasgow, please.

③ **1.** a **2.** b **3.** a **4.** a **5.** a

④ **1.** To the station, please? **2.** Then you change! **3.** I'm sorry. **4.** Where is the tube? **5.** Two tickets to Edinburgh, please. **6.** Platform three. **7.** Return. **8.** When does it leave?

## *Üben 6*

① **1.** How much is a double room for three nights? **2.** How much is a ticket to Norwich? **3.** How much is a single room without private bathroom? **4.** How much is a taxi to Oxford street? **5.** How much is the bus to Gatwick?

② **1.** three phone number**s** **2.** two bus**es** **3.** four room**s** **4.** eighteen nights **5.** seventy-five key**s** **6.** twenty shower**s** **7.** fifty church**es** **8.** sixty ticket**s** **9.** eleven plane**s**

③ **1.** The train leaves at eight forty-five. **2.** The train leaves at four fifty. **3.** The train leaves at eleven. **4.** The train leaves at seven thirty. **5.** The train leaves at nine o'clock. **6.** The train leaves at five ten. **7.** The train leaves at twelve fifteen. **8.** The train leaves at ten twenty. **9.** The train leaves at three forty in the afternoon.

④ **1.** express **2.** double room **3.** key **4.** shower **5.** plane

## *Prüfstand 4–6*

① **1.** How much is a single room? **2.** How much is a double room? **3.** How much is a cottage? **4.** How much is a taxi to Oxford? **5.** How much is a ticket to Norwich? **6.** How much is the direct bus to Edinburgh? **7.** How much is the tube to Heathrow?

② **1.** the keys **2.** with private bathroom **3.** the breakfast **4.** the tube **5.** the coach **6.** the train **7.** twin **8.** with shower **9.** extra bed

③ **1.** b **2.** a **3.** c **4.** a

④ **1.** c **2.** c **3.** b **4.** a **5.** b **6.** b

## *Üben 7*

① **1.** b **2.** a **3.** a

② **1.** Coffee? There is no coffee left. **2.** Orange juice? There is no orange juice left. **3.** Marmalade? There is no marmalade left. **4.** Butter? There is no butter left. **5.** Bacon? There is no bacon left. **6.** Bread? There is no bread left.

③ **1.** sausages **2.** teas **3.** rolls **4.** breakfasts **5.** orange juices **6.** eggs

④ **1.** And to eat? **2.** I'm coming **3.** Coffee or tea? **4.** How much is an orange juice? **5.** A moment **6.** What would you like? **7.** Some more coffee

## *Üben 8*

① **1.** c **2.** a **3.** e **4.** b **5.** d

② **1.** How much is the salad? **2.** How much is the mineral water? **3.** How much is the salmon? **4.** How much is the soup? **5.** How much is the toast?

③ **1.** Have you got roast beef? **2.** Have you got a menu? **3.** Have you got a dish of the day? **4.** Have you got soup? **5.** Have you got Yorkshire pudding? **6.** Have you got fish and chips? **7.** Have you got a glass of mineral water? **8.** Have you got orange juice? **9.** Have you got coffee?

④ **1.** waiter! **2.** tip **3.** kipper **4.** bill **5.** half a pint

⑤ **1.** a salad **2.** a roast beef **3.** a glass **4.** half a pint of lager **5.** a toast with ham **6.** a tea with milk **7.** a soup of the day

## *Üben 9*

① **1.** a **2.** b **3.** b **4.** a

② **1.** vegetables **2.** boiled potatoes **3.** Scotch **4.** glass **5.** roast beef

③ **1.** whiskys **2.** ales **3.** steaks **4.** pounds **5.** salads **6.** potatoes **7.** white wines

④ **1.** a table **2.** a salad **3.** ice **4.** the bill **5.** peas **6.** a double whisky **7.** chips **8.** half a pint of lager **9.** boiled potatoes **10.** a dry white wine

## *Prüfstand 7–9*

① **1.** c **2.** a **3.** b **4.** c **5.** b **6.** a **7.** c

② **1.** a steak with milk **2.** bacon and waiter **3.** boiled bread **4.** a double coffee **5.** a rare ice **6.** a dry toast **7.** a pork bill

③ **1.** waitress! **2.** bill **3.** menu **5.** salad **6.** ice **7.** continental breakfast **8.** closing time

④ **1.** a **2.** a **3.** b **4.** a **5.** b

⑤ **1.** b **2.** c **3.** c **4.** a **5.** b **6.** a

## *Üben 10*

① **1.** a **2.** b **3.** b **4.** a **5.** b **6.** a

② **1.** I'm looking for a table, please. **2.** I'm looking for a glass, please. **3.** I'm looking for an umbrella, please. **4.** I'm looking for a pair of shoes, please. **5.** I'm looking for a pair of jeans, please.

③ **1.** c **2.** e **3.** b **4.** a **5.** d

④ **1.** I'm looking for an umbrella. **2.** What size are you? **3.** This one is very smart. **4.** What make is it? **5.** This one is not expensive.

## *Üben 11*

① **1.** grey **2.** tweed suit **3.** small **4.** size **5.** over there

② **1.** a **2.** b **3.** a

③ **1.** nine and a half **2.** thirty-six **3.** forty **4.** forty-four **5.** eighteen

**6.** ten **7.** four **8.** five and a half **9.** twelve **10.** eight

④ **1.** Sorry, we haven't got linen shoes. **2.** Sorry, we haven't got tweed pullovers. **3.** Sorry, we haven't got lambswool umbrellas. **4.** Sorry, we haven't got cheap blouses. **5.** Sorry, we haven't got red suits. **6.** Sorry, we haven't got small trench coats. **7.** Sorry, we haven't got size 110. **8.** Sorry, we haven't got souvenirs of China. **9.** Sorry, we haven't got leather petticoats.

⑤ **1.** ground floor **2.** size **3.** men's wear **4.** lambswool **5.** wife

## *Üben 12*

① **1.** a **2.** b **3.** b

② **1.** pound **2.** pay **3.** can **4.** try **5.** show

③ **1.** e **2.** d **3.** a **4.** b **5.** c

④ **1.** I've got only ten pound notes. **2.** near here **3.** on the next corner **4.** We don't accept cheques. **5.** What's the exchange rate?

## *Prüfstand 9–12*

① **1.** a **2.** a **3.** b **4.** b **5.** a

② **1.** pullover **2.** poster **3.** a pair of shoes **4.** an umbrella **5.** linen blouse **6.** tweed-suit **7.** men's wear

③ **1.** b **2.** a **3.** c **4.** b **5.** a **6.** c **7.** c

④ **1.** What about this one? **2.** What size are you? **3.** This one isn't very expensive. **4.** Ladies' wear is on the second floor. **5.** Can I try it on? **6.** Where can I get a blouse? **7.** I think it's too big. **8.** Can I pay by cheque? **9.** What's the exchange rate?

⑤ **1.** c **2.** b **3.** c **4.** b **5.** c

## *Üben 13*

① **1.** a **2.** b **3.** b

② **1.** e **2.** d **3.** a **4.** b **5.** c

③ **1.** You should drink less. **2.** You should smoke less. **3.** You should buy more. **4.** You should eat less. **5.** You should pay more. **6.** You should drink more. **7.** You should know more. **8.** You should sell more. **9.** You should buy less.

④ **1.** I'd like to make an appointment. **2.** It's urgent. **3.** He's got a temperature. **4.** I like smoking. **5.** I've got a terrible headache.

## *Üben 14*

① **1.** c **2.** e **3.** a **4.** b **5.** d

② **1.** I didn't see the double yellow line. **2.** I didn't make an appointment. **3.** I didn't leave out the zero. **4.** I didn't dial the local code. **5.** I didn't help the operator.

③ **1.** a **2.** b **3.** a **4.** b **5.** a

④ **1.** I´m afraid it´s at home. **2.** I can't get a connection. **3.** My car's broken down. **4.** You have to leave out the zero. **5.** Take it to a police station.

## *Üben 15*

① **1.** It will be sunny tomorrow. **2.** It will be warm tomorrow. **3.** It will be foggy tomorrow. **4.** It will be hot tomorrow. **5.** It will be cloudy tomorrow.

② **1.** Go **2.** turning **3.** Turn **4.** walk **5.** Where

③ **1.** b **2.** a **3.** a **4.** b **5.** b **6.** b

④ **1.** restricted view **2.** traffic lights **3.** weather **4.** gallery **5.** seat

## *Prüfstand 12–15*

① **1.** a **2.** b **3.** c **4.** a **5.** c **6.** a **7.** b

② **1.** a **2.** a **3.** b **4.** b **5.** a

③ **1.** trip **2.** gallery **3.** appointment **4.** urgent **5.** yellow line

④ **1.** a sunny turning **2.** a free drink **3.** a yellow weather **4.** a hot temperature **5.** an urgent connection **6.** a cold local code **7.** a cloudy somebody **8.** a complicated view

⑤ **1.** c **2.** a **3.** c **4.** c **5.** b **6.** c

# Wörterbuch

Dieses Wörterbuch beinhaltet rund 2200 englisch-deutsche Wörter und Wendungen. Es gilt zu beachten:
In der deutschen Übersetzung werden sowohl männliche als auch weibliche Varianten der Hauptwörter angegeben. Es werden nur gängige britisch-englische Begriffe angeführt.
Die **Zahlen** geben an, auf welcher Seite die 300 wichtigsten Wörter eingeführt beziehungsweise erklärt werden, mit denen sich dieses Sprachbuch besonders befasst.

## Englisch – Deutsch

### A

**a, an** *ein* 21
**a.m.** *vor 12 Uhr mittags*
**able: be ~ to** *fähig sein zu, können*
**about** *über, von; ungefähr*
**above** *über, oberhalb*
**abroad** *im/ins Ausland*
**accent** *Akzent*
**accept** *annehmen* 79
**accident** *Unfall*
**accommodation** *Unterkunft*
**aches** *Schmerzen*
**across** *über*
**activity** *Aktivität*
**actor** *Schauspieler*
**actress** *Schauspielerin*
**actually** *eigentlich*
**add** *hinzufügen*
**address** *Adresse*
**admit** *zugeben*
**adventure** *Abenteuer*
**advertisement** *Anzeige, Werbung*
**advice** *Rat*
**aeroplane** *Flugzeug*
**afford** *sich leisten*
**afraid: be ~ of** *sich fürchten (vor)*
**Africa** *Afrika*
**after** *nach*
**after a while** *nach einer Weile*
**after that** *danach*
**afternoon** *Nachmittag* 17
**again** *wieder*
**again: not ~!** *nicht schon wieder!*
**age** *Alter*
**ago** *vor (zeitlich)*
**agree** *zustimmen*
**air** *Luft*
**airline** *Fluggesellschaft*
**airmail: by ~** *mit Luftpost*
**airport** *Flughafen*
**alarm clock** *Wecker*
**alcohol** *Alkohol*
**all** *alle* 79
**all day long** *den ganzen Tag*
**all night** *die ganze Nacht*
**all over** *überall*
**all right** *in Ordnung* 35
**all the** *alle*
**all: at ~** *überhaupt*
**all: not at ~** *überhaupt nicht*
**allergic to** *allergisch auf*
**allow** *erlauben*
**allowed: be ~ to** *dürfen*
**almost** *fast*
**alone** *allein*
**along** *entlang, hinab*
**alphabet** *Alphabet*

**already** *schon*
**also** *auch* **75**
**alternative** *Alternative*
**always** *immer*
**am** *bin* **29**
**ambulance** *Krankenwagen*
**America** *Amerika, USA*
**American** *Amerikaner/in, amerikanisch*
**an** *ein* **21**
**and** *und*
**and you?** *und du?* **17**
**angel** *Engel*
**angry** *böse*
**angry: make her ~** *sie verärgern*
**animal** *Tier*
**another** *ein anderer* **71**
**another** *noch ein*
**answer** *Antwort; (be)antworten*
**answer the telephone** *ans Telefon gehen, abheben* **93**
**answerphone** *Anrufbeantworter*
**antique** *Antiquität*
**any** *irgendein* **65**
**any: not ~** *kein*
**any: not ~ longer** *nicht mehr*
**anybody** *irgendjemand*
**anymore: not ~** *nicht mehr*
**anyone** *irgendjemand*
**anything** *irgendetwas* **53**
**anything else?** *noch etwas?*
**anyway** *trotzdem; jedenfalls*
**anywhere** *egal wo*
**apologize (for)** *sich entschuldigen (für/wegen)*
**appetite** *Appetit*
**apple** *Apfel*
**apple pie** *Apfelkuchen*
**application** *Bewerbung*
**apply (for)** *sich bewerben (um)*
**appointment** *Termin* **89**
**April** *April*
**are** *sind, bist, seid*
**are you ...?** *bist du ...?* **21**
**area** *Gegend*
**argue** *(sich) streiten*
**arm** *Arm*
**around** *um ... herum, gegen (Uhrzeit)*
**arrest** *verhaften*
**arrive** *ankommen* **43**
**art** *Kunst*
**art gallery** *Galerie*
**as ... as** *so ... wie*
**as soon as possible** *so bald wie möglich*
**Asia** *Asien*
**ask** *fragen*
**ask a question** *eine Frage stellen*
**ask for** *bitten um*
**assistant** *Assistent/in*
**at** *am; auf*
**at all** *überhaupt*
**at four-thirty** *um vier Uhr dreißig* **39**
**at night** *nachts* **25**
**Atlantic** *Atlantik*
**attention** *Aufmerksamkeit*
**attention: pay ~ to** *aufpassen auf*
**August** *August*
**aunt** *Tante*
**Australia** *Australien*
**Australian** *Australier/in, australisch*
**Austria** *Österreich* **21**
**Austrian** *Österreicher/in, österreichisch*
**automobile** *Auto*
**avenue** *Straße, Allee*
**awful** *furchtbar, schrecklich*

## B

**baby** *Baby*
**baby: have a ~** *ein Kind bekommen*
**babysit** *babysitten*
**back** *zurück*
**back** *Rücken*
**backache** *Rückenschmerzen*
**bacon and eggs** *Schinken und Spiegeleier* **53**
**bad** *schlecht*
**bad: not too ~** *gar nicht schlecht*
**bad: too ~!** *schade!*
**bag** *Tüte, Tasche*
**bake** *backen*
**ball** *Ball*
**banana** *Banane*
**bank** *Bank* **79**
**bar** *Kneipe,*
**bargain** *Schnäppchen*
**basement** *Keller*
**bathrobe** *Bademantel*
**bathroom** *Badezimmer, Toilette* **35**
**bath** *Badewanne* **35**
**Bavaria** *Bayern*
**be** *sein*
**be there!** *sei da!*
**beach** *Strand*
**bear** *Bär*
**beat** *schlagen*
**beautiful** *schön*
**because** *weil*
**because of** *wegen*
**become** *werden*
**bed** *Bett*
**bed and breakfast** *Privatpension mit Frühstück* **42**
**bedroom** *Schlafzimmer*
**beef** *Rindfleisch* **62**
**beep** *Ton*
**beep** *piepsen*
**beer** *Bier*
**before** *vor*
**before: just ~** *direkt vor, gerade vor*
**beg** *betteln*

**beg: I ~ your pardon** *entschuldigen Sie bitte*
**begin** *anfangen*
**behave** *sich benehmen*
**behind** *hinter*
**believe** *glauben*
**believe it or not** *ob du's glaubst oder nicht*
**believe me** *glaube mir*
**belly** *Bauch*
**belong to** *gehören*
**belt** *Gürtel*
**besides** *außerdem*
**best** *bester*
**bet** *wetten*
**better** *besser* **89**
**better than** *besser als*
**between** *zwischen* **93**
**bicycle** *Fahrrad*
**big** *groß* **75**
**bill** *Rechnung* **57**
**bingo!** *Volltreffer!*
**bird** *Vogel*
**birthday** *Geburtstag*
**biscuit** *Keks*
**bit: a ~** *ein bisschen*
**bite** *beißen*
**bits** *Häppchen*
**bitter** *bitter; Bitter-Bier* **61**
**black** *schwarz* **83**
**black pudding** *Blutwurst* **51**
**bloke** *Typ, Kerl*
**blond** *blond*
**blood** *Blut*
**bloody** *verfluchter*
**blouse** *Bluse* **75**
**blue** *blau* **83**
**blues** *Blues(musik)*
**board** *Tafel*
**board** *einsteigen*
**boarding pass** *Bordkarte*
**body** *Körper*
**boiled potatoes** *Salzkartoffeln* **61**
**book** *Buch*
**book** *buchen* **42**
**book: telephone ~** *Telefonbuch*
**bookshop** *Buchhandlung*
**boom** *knallen*
**boot** *Stiefel*
**bored** *gelangweilt*
**bored to death** *zu Tode gelangweilt*
**boring** *langweilig*
**born** *geboren*
**borrow** *sich borgen*
**boss** *Chef/in* **21**
**both** *beide*
**both ... and ...** *sowohl ... als auch ...*
**bother** *belästigen, stören*
**bottle** *Flasche*
**bowl** *Schüssel*
**box** *Kiste, Packung*
**boy** *Junge*
**boyfriend** *Freund (in Zweierbeziehung)*
**bra** *BH*
**brain** *Gehirn*
**branch** *Zweigstelle, Filiale*
**brand-new** *brandneu*
**brat** *Balg, unartiges Kind*
**bread** *Brot* **53**
**break** *brechen*
**breakfast** *Frühstück* **35**
**breath** *Atem*
**bright** *hell*
**bright orange** *knallorange*
**bring** *bringen*
**British** *britisch*
**broccoli** *Brokkoli*
**broken** *kaputt*
**broken down** *eine Panne haben* **93**
**broom** *Besen*
**brother** *Bruder*
**brother-in-law** *Schwager*
**brown** *braun*
**brush** *bürsten*
**brush my teeth** *mir die Zähne putzen*
**build** *bauen, bilden*
**building** *Gebäude*
**bullshit!** *dummes Zeug!*
**burger** *Hamburger*
**burn** *(ver)brennen*
**burnt** *angebrannt*
**bus** *Bus* **38**
**bus stop** *Bushaltestelle*
**bus: by ~** *mit dem Bus* **38**
**business** *Geschäft*
**business: on ~** *geschäftlich*
**businessman** *Geschäftsmann*
**busy** *beschäftigt*
**but** *aber* **61**
**butter** *Butter* **53**
**buttered** *mit Butter*
**button** *Knopf*
**buy** *kaufen* **79**
**by** *am* **61**
**by** *bis (Zeit)*
**by** *von; mit*
**by my side** *an meiner Seite*
**by myself** *(ich) allein*
**bye!** *tschüs!* **17**

## C

**cab** *Taxi (London)* **38**
**cable TV** *Kabelfernsehen*
**café** *café, Kaffeehaus*
**cake** *Kuchen*
**calculate** *rechnen*
**calculator** *Taschenrechner*
**calendar** *Wandkalender*
**call** *Anruf; anrufen* **97**
**call me ...** *nenn mich ..., sag ... zu mir*
**calm** *ruhig*
**can** *kann* **53**
**can** *Dose*
**can't, cannot** *kann nicht*
**Canada** *Kanada*
**cancel** *absagen; streichen*
**cap** *Mütze*
**car** *Auto* **93**
**car hire** *Autovermietung*
**car park** *Parkplatz*
**care: take ~ of** *sich kümmern um*

**careful** *vorsichtig*
**careless** *unvorsichtig*
**caretaker** *Hausmeister/in*
**carpet** *Teppich*
**Caribbean** *Karibik, karibisch*
**carrot** *Karotte* **61**
**carton** *Pappkarton, Packung*
**cartoon** *Zeichentrickfilm*
**case** *Fall*
**casualty ward** *Ambulanz, Unfallstation* **88**
**cash** *Bargeld*
**cash a cheque** *Scheck einlösen*
**cash dispenser** *Geldausgabeautomat*
**cassette** *Kassette*
**castle** *Burg*
**cat** *Katze*
**Catholic** *katholisch*
**cause** *verursachen*
**caviar** *Kaviar*
**cavity** *Loch im Zahn, Karies*
**CD** *Compact Disc*
**CD-player** *CD-Spieler*
**ceiling** *Zimmerdecke*
**celebrate** *feiern*
**centre** *Innenstadt*
**certain** *sicher*
**certainly** *in Ordnung, selbstverständlich* **39**
**chain** *Kette*
**chair** *Stuhl*
**chalk** *Kreide*
**champagne** *Champagner, Sekt*
**change** *umsteigen* **39**
**change** *Restgeld* **61**
**change** *wechseln* **79**
**channel** *Fernsehkanal*
**charge: in ~ of** *zuständig für*
**chase** *verfolgen*
**chauvinist** *Chauvi, Macho*
**cheap** *billig*
**cheaper** *billiger* **71**
**check** *einchecken (Gepäck)*
**check** *nachsehen, überprüfen*
**cheese** *Käse* **79**
**chemist** *Apotheker/in* **88**
**cheque** *Scheck* **79**
**chest** *Brust* **89**
**chew** *kauen*
**chewing gum** *Kaugummi*
**chicken** *Huhn*
**child** *Kind*
**children** *Kinder*
**Chinese** *chinesisch*
**chips** *Pommes frites* **57**
**chocolate** *Schokolade*
**choice** *Auswahl*
**cholesterol** *Cholesterin*
**choose** *(aus)wählen*
**chopsticks** *Essstäbchen*
**church** *Kirche*
**cigarette** *Zigarette*
**cinema** *Kino*
**circle** *Kreis*
**city** *Stadt*
**city centre** *Innenstadt*
**city plan** *Stadtplan*
**class** *Kurs; Klasse*
**clean** *sauber; putzen*
**close** *schließen*
**close down** *schließen (Fabrik)*
**close to** *in der Nähe von*
**closed** *geschlossen*
**closing time** *Feierabend* **61**
**clothes** *Kleider*
**cloud** *Wolke*
**cloudy** *bewölkt* **97**
**coach** *Reisebus* **34**
**coat** *Mantel*
**coffee** *Kaffee* **53**
**coffee machine** *Kaffeemaschine*
**coin** *Münze*
**coincidence** *Zufall*
**cold** *kalt; Erkältung* **97**
**cold: have a ~** *erkältet sein* **93**
**colleague** *Kollege, Kollegin*
**collect** *sammeln*
**college** *College*
**colour** *Farbe* **71**
**column** *Druckspalte*
**come** *kommen* **89**
**come along** *mitkommen*
**come in!** *herein!*
**come into ...** *in ... hineinkommen*
**come on!** *mach schon!, auf geht's!*
**come over** *vorbeikommen*
**comfortable** *bequem*
**comfortable: make yourself ~** *mach dir's gemütlich*
**comic book** *Comicheft*
**command** *Befehl*
**commerce** *Handel*
**company** *Firma*
**complain** *beschweren (sich)*
**complete** *vervollständigen*
**completely** *vollständig*
**complicated** *kompliziert* **97**
**computer** *Computer*
**computer disk** *Computerdiskette*
**conductor** *Schaffner/in*
**confirm** *bestätigen*
**congratulations!** *Glückwunsch!*
**connection** *Verbindung* **93**
**consist of** *bestehen aus*
**constantly** *dauernd*
**contact** *sich in Verbindung setzen mit*
**continental** *kontinental* **53**
**continue** *fortsetzen*
**convenient** *bequem*
**conversation** *Konversation*
**cook** *Koch, Köchin; kochen*
**cooked breakfast** *warmes Frühstück* **53**
**cool** *toll, geil*
**cop** *Polizist/in, Bulle (ugs.)*
**copy** *Kopie*

**cordless telephone** *schnurloses Telefon*
**corner** *Ecke* **79**
**corner: on the ~ of** *an der Ecke von*
**cornflakes** *Cornflakes* **53**
**coronation** *Krönung*
**correct** *richtig; korrigieren*
**correct: the ~ side** *die richtige Seite*
**correspondence** *Briefverkehr*
**cost** *kosten*
**cost of living** *Lebenskosten*
**cottage** *Ferienhäuschen* **43**
**cotton** *Baumwolle* **83**
**couch** *Sofa*
**cough** *Husten*
**could** *konnten, könnten* **89**
**counter** *Tresen, Theke, Ladentisch*
**country** *Land*
**country code** *Landesvorwahl* **93**
**course: of ~** *natürlich* **35**
**cousin** *Cousin, Cousine*
**crash** *(ab)stürzen*
**crawl** *kriechen*
**crazy** *verrückt*
**cream** *Sahne* **57**
**credit card** *Kreditkarte*
**creep** *Widerling*
**crime thriller** *Krimi*
**crisps** *Kartoffelchips*
**cross** *Kreuz*
**crossword puzzle** *Kreuzworträtsel*
**crowded** *voll, überfüllt*
**cruel** *grausam, gemein*
**cry** *weinen*
**culture** *Kultur*
**cup** *Tasse, Becher*
**cupboard** *Schrank*
**curious** *neugierig*
**currency** *Währung*
**customer** *Kunde, Kundin*
**cut** *schneiden*
**CV** *curriculum vitae, Lebenslauf*

## D

**Dad** *Papa*
**Daddy** *Papa*
**Dame** *Dame und Sir: Adelstitel*
**damn** *verflucht*
**dance** *tanzen*
**dangerous** *gefährlich*
**dark** *dunkel*
**darling** *Liebling*
**date** *Datum; Verabredung*
**daughter** *Tochter*
**day** *Tag*
**day off** *freier Tag*
**dead** *tot*
**Dear** *Sehr geehrt-, Lieb- (in Briefen)*
**dear: oh ~!** *meine Güte!*
**death** *Tod*
**December** *Dezember*
**decide** *entscheiden (sich)*
**definite** *fest*
**definitely** *definitiv, absolut*
**degree** *Grad*
**delay** *Verspätung*
**delicious** *lecker*
**dentist** *Zahnarzt, Zahnärztin* **87**
**department** *Abteilung* **75**
**department store** *Kaufhaus*
**departure** *Abreise*
**deposit** *Kaution*
**depressed** *deprimiert*
**desk** *Schreibtisch*
**dessert** *Nachtisch* **58**
**destroy** *zerstören*
**devil** *Teufel*
**dial** *wählen (Nummer)*
**dialed** *gewählt* **93**
**diary** *Terminkalender*
**dictionary** *Wörterbuch*
**did** *tat* **89**
**die** *sterben*
**diet: to be on a ~** *Diät einhalten* **57**
**difference** *Unterschied*
**different** *anders, unterschiedlich*
**difficult** *schwierig*
**dining-room** *Speisesaal, Esszimmer*
**dinner** *Abendessen*
**diploma** *Abschlusszeugnis*
**direct bus** *Schnellbus* **43**
**directory: telephone ~** *Telefonbuch*
**directory enquiries** *Telefonauskunft*
**dirty** *schmutzig*
**disagree with** *nicht einverstanden sein mit*
**disco** *Discothek*
**discover** *entdecken*
**discussion** *Gespräch, Besprechung*
**disgusting** *ekelhaft*
**dish** *Speise; Schüssel*
**dish of the day** *Tagesgericht* **57**
**dishes** *Geschirr*
**dishes: do the ~** *Geschirr spülen*
**disk** *Diskette*
**dislike** *Abneigung; nicht mögen*
**divorce** *Scheidung*
**divorce: get a ~** *sich scheiden lassen*
**divorced** *geschieden*
**do** *tun, machen* **22**
**do you work?** *arbeiten Sie?* **21**
**do-it-yourself shop** *Bastlerladen*
**doctor** *Arzt, Ärztin* **90**
**does** *tut* **39**
**dog** *Hund*
**dole** *Arbeitslosengeld*
**don't, do not** *tu nicht* **79**

**don't know** *weiß nicht* **71**
**door** *Tür*
**double** *Doppel* **25**
**double room** *Doppelzimmer* **35**
**double yellow line** *gelbe Doppellinie: Parkverbot* **93**
**doughnut** *«Kreppel, Berliner»*
**down** *hinunter, nach unten*
**downstairs** *eine Etage tiefer*
**draw** *zeichnen*
**dreadful** *schrecklich*
**dream** *Traum*
**dreary** *trist*
**dress** *Kleid*
**dressing-gown** *Bademantel*
**drink** *etwas zu trinken, Getränk; trinken* **53**
**drive** *fahren*
**driver** *Fahrer/in*
**drop** *fallen lassen*
**drunk** *betrunken*
**dry** *trocknen; trocken* **61**
**duck** *Ente*
**due to** *wegen, aufgrund*
**during** *am, während*
**dusty** *staubig*

## E

**e.g.** *z. B.*
**each** *jeder* **79**
**each other** *einander*
**ear** *Ohr*
**earache** *Ohrenschmerzen*
**early** *früh*
**easy** *einfach* **39**
**easy: take it ~** *nimm's leicht*
**eat** *essen* **53**
**economy** *Wirtschaft*
**education** *Ausbildung*
**egg** *Ei* **53**
**eighties** *achtziger Jahre*
**either** *auch nicht*
**either ... or** *entweder ... oder*
**elbow** *Ellbogen*
**election** *Wahl*
**electric** *elektrisch*
**else** *noch, sonst* **53**
**embarrassing** *peinlich*
**emergency** *Notfall*
**emergency landing** *Notlandung*
**employ** *beschäftigen*
**employee** *Angestellte/r, Arbeitnehmer/in* **21**
**employer** *Arbeitgeber/in*
**empty** *leer*
**encore** *Zugabe*
**end** *Ende*
**engine** *Motor, Triebwerk*
**engineer** *Ingenieur/in* **21**
**English** *englisch* **21**
**enjoy** *genießen*
**enough** *genug*
**enter** *eingeben*
**entertainment** *Unterhaltung*
**entrance** *Eingang*
**entrance: main ~** *Haupteingang*
**envelope** *Briefumschlag*
**environment** *Umwelt*
**envy** *Neid*
**envy: green with ~** *grün vor Neid*
**error** *Irrtum*
**escalator** *Rolltreppe*
**especially** *besonders*
**essay** *Aufsatz*
**etc.** *usw.*
**Europe** *Europa*
**European** *europäisch*
**even** *sogar*
**even: not ~** *nicht mal*
**evening** *Abend*
**evening: good ~** *guten Abend* **17**
**ever** *jemals*
**ever since** *von da an, ab diesem Zeitpunkt*
**every** *jeder*
**everybody** *jeder*
**everybody else** *alle anderen*
**everyday life** *Alltagsleben*
**everyone** *alle*
**everything** *alles*
**everywhere** *überall*
**exactly** *genau* **25**
**exam** *Prüfung*
**excellent** *ausgezeichnet*
**except** *außer*
**exchange rate** *Wechselkurs* **79**
**exciting** *aufregend*
**excuse me!** *Entschuldigung!* **25**
**excuse me?** *wie bitte?*
**exhibition** *Ausstellung*
**expect** *erwarten*
**expensive** *teuer* **71**
**experience** *Erfahrung*
**experience: job ~** *Berufserfahrung*
**expert** *Experte, Expertin*
**explain** *erklären*
**explode** *explodieren*
**express** *Schnellzug* **43**
**extra bed** *Extrabett* **41**
**extra large** *extragroß, XL*
**eye** *Auge*

## F

**face** *Gesicht*
**factory** *Fabrik*
**fail** *scheitern, versagen*
**faint** *ohnmächtig werden*
**fall** *fallen*
**fall asleep** *einschlafen*
**false** *falsch*
**familiar** *vertraut*
**family** *Familie*
**famous** *berühmt*
**fan** *Fan*
**fantastic** *phantastisch*
**far** *weit*

**far away** *weit weg*
**fare** *Fahrgeld*
**farm** *Farm, Bauernhof*
**fast** *schnell*
**fast food** *Schnellimbiß*
**fasten** *festmachen*
**fat** *dick*
**father** *Vater*
**father-in-law** *Schwiegervater*
**fault** *Schuld, Fehler*
**favourite** *Lieblings-*
**fax** *Fax*
**February** *Februar*
**fee** *Gebühr*
**feed** *füttern*
**feel** *fühlen*
**feel: I don't ~ well** *mir geht es nicht gut*
**female** *weiblich*
**ferry** *Fähre*
**fever** *Fieber* **89**
**few: a ~** *einige, ein paar*
**fill** *füllen*
**fill in** *ausfüllen*
**filling** *Plombe*
**film** *Film*
**finally** *endlich*
**find** *finden*
**fine** *gut, fein*
**finger** *Finger*
**fingernail** *Fingernagel*
**finish** *beenden; ausreden*
**fire away!** *schieß(en Sie) los!*
**fire service** *Feuerwehr*
**firm** *Firma*
**first** *erstens, erster* **101**
**first class** *erste Klasse*
**first name** *Vorname*
**first: the ~ time** *das erste Mal*
**fish** *Fisch* **57**
**fish-and-chip shop** *Fischimbiss*
**fit** *passen*
**fix** *reparieren*
**flat** *Wohnung*
**flight** *Flug*
**flirt** *flirten*
**flood** *Flut, Überschwemmung*
**floor** *Stock* **75**
**flour** *Mehl*
**flower** *Blume*
**flu** *Grippe* **101**
**fluent** *fließend*
**flush** *spülen (Toilette)*
**fly** *fliegen*
**foggy** *neblig* **97**
**folk** *Volk, Volks-*
**follow** *folgen* **39**
**food** *Essen*
**foodie** *Schlemmer, Feinschmecker* **56**
**foot** *Fuß* **47**
**football** *Fußball*
**for** *für* **35**
**forecast** *Vorhersage*
**forehead** *Stirn*
**foreign** *fremd, ausländisch*
**foreigner** *Ausländer/in*
**forename** *Vorname*
**forever** *ewig*
**forget** *vergessen*
**fork** *Gabel*
**form** *Formular*
**fortnight: a ~** *zwei Wochen*
**France** *Frankreich*
**free** *frei, gratis*
**free: are you ~ ?** *hast du Zeit?*
**freedom** *Freiheit*
**French** *französisch*
**French fries** *Pommes frites*
**fresh** *frisch* **78**
**Friday** *Freitag*
**friend** *Freund/in*
**friendly** *freundlich*
**from** *aus* **21**
**from now on** *ab jetzt*
**front: in ~ of** *vor*
**fruit** *Obst*
**frying pan** *Bratpfanne*
**full** *satt, voll*
**fun** *Spaß*
**fun: just for ~** *nur zum Spaß*
**fun: to make ~ of** *sich lustig machen über*
**funny** *lustig, komisch, merkwürdig*
**furnished** *möbliert*
**furniture** *Möbel*
**future** *Zukunft*

## G

**gallery** *Galerie* **97**
**game** *Spiel*
**garage** *Garage*
**garlic** *Knoblauch*
**gay** *homosexuell*
**Gaelic** *gaelisch*
**Geneva** *Genf*
**genius** *Genie*
**gentleman** *Herr*
**German** *deutsch, Deutsche/r* **21**
**Germany** *Deutschland* **21**
**get** *kriegen, bekommen*
**get a divorce** *sich scheiden lassen*
**get attention** *Aufmerksamkeit erregen*
**get away!** *weg hier!*
**get fat** *zunehmen*
**get home** *nach Hause zurückkommen*
**get in** *einsteigen*
**get lost** *sich verlaufen, verfahren*
**get lost!** *hau ab!*
**get married** *heiraten*
**get off** *aussteigen*
**get out** *aussteigen*
**get to** *ankommen* **43**
**get together** *sich treffen* **97**
**get up** *(morgens) aufstehen*

**get well soon** *gute Besserung*
**get: I ~ it** *ich verstehe*
**gift** *Geschenk*
**girl** *Mädchen*
**girlfriend** *Freundin (in Zweierbeziehung)*
**give** *geben*
**glad** *froh*
**gladly** *gern*
**glass** *Glas* **53**
**glasses** *Brille*
**glove** *Handschuh*
**go** *gehen*
**go home!** *geh nach Hause!*
**go out** *ausgehen*
**go to bed** *ins Bett gehen*
**goal** *Tor (Fußball)*
**God bless you!** *Gesundheit!*
**God: oh my ~!** *um Gottes willen!*
**golf** *Golf*
**good** *gut*
**good afternoon!** *guten Tag!* **17**
**good evening!** *guten Abend!* **17**
**good morning!** *guten Morgen!* **17**
**good-looking** *gut aussehend*
**goodbye** *auf Wiedersehen* **17**
**goodness!** *meine Güte!*
**gorgeous** *prächtig*
**gossip** *Tratsch; tratschen*
**government** *Regierung*
**GP, general practitioner** *Arzt, Ärztin* **87**
**grammar** *Grammatik*
**granddaughter** *Enkelin*
**grandfather** *Opa*
**grandmother** *Oma*
**grandparents** *Großeltern*
**grandson** *Enkel*
**great!** *toll!* **97**
**green** *grün* **71**
**grey** *grau* **75**
**greyhound** *Windhund*
**grocer** *Lebensmittelgeschäft*
**groceries** *Lebensmittel*
**ground floor** *Erdgeschoss* **75**
**ground staff** *Bodenpersonal*
**group** *Gruppe*
**grow** *wachsen*
**growl** *knurren*
**guess** *raten*
**guest** *Gast*
**guesthouse** *Pension*
**guide: tour ~** *Reiseführer/in*
**guitar** *Gitarre*
**guy** *Typ*

## H

**hair** *Haar*
**half** *Hälfte; halb*
**half a pint** *ein kleines Bier* **57**
**hallway** *Flur*
**ham** *Schinken*
**hammer** *Hammer; hämmern*
**hand** *Hand*
**handkerchief** *Taschentuch*
**handsome** *schön (für schöne Männer)*
**hang** *hängen*
**hang around** *rumhängen*
**happen** *passieren*
**happy** *glücklich*
**hard** *hart; schwer*
**hardly** *kaum*
**hardly ever** *fast nie*
**has** *hat*
**hat** *Hut* **83**
**hate** *hassen*
**have** *haben* **53**
**have a baby** *ein Kind bekommen*
**have a look!** *schauen Sie mal!*
**have got** *haben* **57**
**have the wrong number** *sich verwählen* **93**
**have to + inf.** *müssen* **93**
**haven't** *haben nicht* **61**
**he** *er* **29**
**head** *Kopf*
**head waiter** *Oberkellner/in*
**headache** *Kopfschmerzen* **89**
**health** *Gesundheit*
**hear** *hören*
**heart** *Herz*
**heartburn** *Sodbrennen*
**heating** *Heizung*
**heavy** *schwer*
**hell** *Hölle*
**hello** *hallo* **17**
**help** *helfen* **57**
**help yourself!** *bedien dich!*
**helpful** *hilfreich*
**her** *ihr, sie*
**here** *hier* **35**
**here are the keys** *hier sind die Schlüssel* **35**
**here you are** *bitte sehr* **35**
**here: in ~** *hier drinnen*
**hers** *ihrer*
**high** *hoch* **79**
**him** *ihn; ihm*
**himself** *allein; selbst*
**hip** *Hüfte*
**hire** *(Auto) mieten*
**his** *sein, seinen*
**hobby** *Hobby*
**hold** *halten*
**holiday** *Urlaub*
**holiday: on ~** *im Urlaub* **89**
**home: at ~** *zu Hause*
**homeless** *obdachlos*
**homework** *Hausaufgaben*
**hook** *Haken*
**Hoover** *Staubsauger*
**hope** *hoffen*
**hopeless** *hoffnungslos*

**horrible** *schrecklich*
**horror film** *Gruselfilm*
**horseradish** *Meerrettich*
**hospital** *Krankenhaus*
**host** *Gastgeber*
**hostess** *Gastgeberin*
**hot** *heiß; scharf (beim Essen)*
**hot dog** *Würstchen*
**hot dog stand** *Würstchenbude*
**hotel** *Hotel*
**hour** *Stunde*
**house** *Haus*
**House of Commons** *Unterhaus, Parlament*
**housewife** *Hausfrau*
**how** *wie*
**how are you?** *wie geht es dir?* **17**
**how do you do?** *angenehm!, guten Tag (beim Kennenlernen)* **17**
**how long?** *wie lang?*
**how many?** *wie viele?* **35**
**how much?** *wie viel, wie teuer?* **35**
**how often?** *wie oft?*
**however** *jedoch, aber*
**huge** *riesig*
**hundreds of** *Hunderte (von)*
**hungry** *hungrig*
**hurry** *Eile; sich beeilen*
**hurry up!** *beeil dich!*
**hurry: I'm in a ~** *ich hab's eilig*
**hurt** *schmerzen*
**husband** *Ehemann* **89**
**hygiene** *Hygiene*

## I

**I** *ich*
**I'll** *ich werde* **35**
**I'm afraid** *ich fürchte* **93**
**I'm coming** *ich komme* **53**
**I'm fine** *mir geht's gut* **17**
**I'm not** *bin ich nicht* **21**
**I'd like** *ich hätte gern* **35**
**ice** *Eis* **61**
**ice cold** *eiskalt*
**ice cream** *Eiskrem*
**idea** *Idee*
**ideal** *ideal*
**identical** *identisch*
**idiot** *Idiot/in*
**if** *falls, wenn, ob*
**ill** *krank*
**illness** *Krankheit*
**imagine** *sich etwas vorstellen*
**immediately** *sofort*
**important** *wichtig*
**impossible** *unmöglich*
**improve** *verbessern*
**in advance** *im Voraus*
**in an office** *in einem Büro* **21**
**in the afternoon** *nachmittags* **25**
**in the morning** *morgens* **25**
**included** *inklusive*
**inconvenience** *Unbequemlichkeit*
**India** *Indien*
**Indian** *indisch, Inder/in*
**inexpensive** *billig, nicht teuer*
**influence** *beeinflussen*
**information** *Information*
**inject** *Spritze geben*
**injection** *Spritze*
**injure** *verletzen*
**injury** *Verletzung*
**inn** *Gasthaus*
**insect** *Insekt*
**insert** *einwerfen, (hin)einstecken*
**install** *installieren*
**instead** *stattdessen*
**insurance** *Versicherung*
**instructions** *Gebrauchsanweisung*
**intelligent** *intelligent*
**interest** *Interesse*
**interested in** *interessiert an*
**interesting** *interessant*
**interview** *Interview*
**interview: job ~** *Vorstellungsgespräch*
**into** *in ... hinein*
**introduce** *jemanden vorstellen*
**introduction** *Einführung*
**invitation** *Einladung*
**invite** *einladen*
**Ireland** *Irland*
**Irish** *irisch, Ire, Irin*
**is** *ist*
**island** *Insel*
**isn't** *is not, ist nicht* **72**
**it** *es*
**it's** *es ist* **25**
**it's five o'clock** *es ist fünf Uhr* **25**
**Italian** *italienisch, Italiener/in*
**Italy** *Italien*
**its** *sein, dessen*

## J

**jacket** *Jackett* **79**
**jam** *Marmelade* **53**
**jam: traffic ~** *Verkehrsstau*
**janitor** *Hausmeister/in*
**January** *Januar*
**Japan** *Japan*
**Japanese** *japanisch, Japaner/in*
**jar** *Einmachglas*
**jeans** *Jeans*
**job** *Job*
**job centre** *Arbeitsamt*
**jog** *joggen*
**join** *sich anschließen*
**joke** *Witz; scherzen*
**journalist** *Journalist/in*
**juice** *Saft* **53**

**juice: orange ~** *Orangensaft*
**July** *Juli*
**jump** *springen*
**jumper** *Pullover*
**June** *Juni*
**just** *nur* **53**

## K

**keep** *behalten* **61**
**keep on** *weitermachen (mit)*
**key** *Schlüssel* **35**
**keyboard** *Tastatur*
**kid** *Kind*
**kid** *scherzen, Witze machen*
**kid: just ~ding** *nur ein Scherz*
**kidnap** *(Person) entführen*
**kill** *umbringen*
**kind** *freundlich*
**kind: what ~ of** *welche Sorte/Art*
**king** *König*
**kipper** *Räucherhering* **52**
**kiss** *küssen*
**kitchen** *Küche*
**kiwi** *Kiwifrucht*
**knee** *Knie*
**knife** *Messer*
**knock** *klopfen*
**know** *wissen, kennen* **71**

## L

**ladies and gentlemen!** *meine Damen und Herren!*
**ladies' wear** *Damenmode* **75**
**lady** *Dame*
**lager** *leichtes Pils* **57**
**lake** *Binnensee*
**lambswool** *Schafswolle* **75**
**lamp** *Lampe*
**language** *Sprache*
**language: foreign ~** *Fremdsprache*
**large** *groß, L*
**last** *letzter, zum letzten Mal; dauern*
**last orders** *Schankschluss* **60**
**late** *spät* **43**
**lately** *in letzter Zeit*
**later** *später*
**laugh** *lachen*
**lazy** *faul*
**lead** *führen, leiten*
**leaf** *Blatt*
**learn** *lernen*
**least: at ~** *wenigstens, zumindest*
**leather** *Leder* **83**
**leave** *verlassen, abreisen, abfahren* **39**
**leave me alone!** *lass mich in Ruhe!*
**leave out** *weglassen* **93**
**left** *links* **97**
**left: on the ~** *links*
**left** *liegen lassen* **89**
**left** *übrig* **53**
**leg** *Bein*
**lemon** *Zitrone*
**lend** *leihen*
**less** *weniger* **89**
**let** *lassen*
**let's, let us** *lass uns*
**letter** *Brief; Buchstabe*
**lettuce** *Kopfsalat*
**level** *Stufe*
**liar** *Lügner*
**library** *Bibliothek*
**licence** *Führerschein* **93**
**lie** *liegen*
**lie** *lügen*
**life** *Leben*
**lift** *Fahrstuhl*
**lift** *heben*
**light** *Licht*
**like** *wie* **97**
**like** *mögen* **22**
**like this!** *so!*
**like: what's it ~?** *wie ist es?*
**line** *Leitung*
**line is engaged** *Leitung ist besetzt*
**line: hold the ~** *am Apparat bleiben*
**linen** *Leinen* **75**
**lip** *Lippe*
**list** *Liste*
**list: waiting ~** *Warteliste*
**listen** *hören*
**listen to** *zuhören*
**little** *klein*
**little: a ~** *ein bisschen*
**live** *wohnen, leben*
**living-room** *Wohnzimmer*
**living: for a ~** *beruflich, zum Lebensunterhalt*
**loaf** *Laib Brot*
**local code** *Vorwahl* **93**
**loch** *See (in Schottland)*
**locked** *verriegelt*
**lonely** *einsam*
**long** *lang*
**look** *aussehen*
**look after** *aufpassen*
**look around** *sich umsehen*
**look down on** *verachten*
**look for** *suchen nach* **71**
**look forward to** *sich freuen auf*
**look like** *aussehen wie* **75**
**look up** *nachschlagen*
**look up to** *bewundern*
**looks good on you** *steht dir gut*
**loose** *locker*
**lose** *verlieren*
**lose weight** *abnehmen*
**lost** *verloren*
**lot: a ~ of** *viel/e*
**lots of** *'ne Menge*
**loud** *laut*
**lounge** *Gesellschaftsraum, Foyer, Salon, Bar*
**love** *«lieben», sehr mögen*

**love: to be in ~** *verliebt sein*
**lovely** *angenehm, reizend, wunderschön*
**luck** *Glück*
**luck: good ~** *viel Glück*
**luck: just my ~** *habe ich ein Glück (ironisch)*
**luggage** *Gepäck*
**lunch** *Mittagessen*

## M

**machine** *Maschine*
**mad** *verrückt*
**Madam** *Anrede: gnädige Frau* **35**
**magazine** *Zeitschrift*
**mail** *Post*
**main** *Haupt-*
**mainland** *Festland* **34**
**make** *Marke* **71**
**make** *machen*
**make an appointment** *einen Termin vereinbaren* **89**
**male** *männlich*
**man** *Mann*
**manager** *Geschäftsführer/in*
**many** *viele*
**map** *Landkarte*
**March** *März*
**market** *Markt*
**market: share of the ~** *Marktanteil*
**marmelade** *Zitrusfrucht-Marmelade* **53**
**marriage** *Ehe*
**married** *verheiratet*
**marry** *heiraten*
**massage** *Massage*
**match** *Spiel*
**matter: it doesn't ~** *es macht nichts*
**matter: what's the ~?** *was ist los?*
**mattress** *Matratze*
**may** *dürfen* **93**
**May** *Mai*
**maybe** *vielleicht* **75**
**me** *mir* **71**
**me** *mich*
**me?** *wer? ich?*
**meal** *Essen, Mahlzeit*
**meal: whole ~** *Vollkorn*
**mean** *fies, gemein*
**mean** *meinen, glauben, bedeuten*
**measure** *Maß nehmen*
**meat** *Fleisch*
**medicine** *Arzneimittel*
**Mediterranean** *Mittelmeer*
**medium** *mittel, M, medium* **61**
**meet** *treffen, kennen lernen*
**meet: nice to ~ you** *nett, Sie kennen zu lernen* **17**
**men's wear** *Herrenmode* **75**
**mention** *erwähnen*
**mention: don't ~ it** *keine Ursache*
**menu** *Speisekarte* **57**
**mess** *Durcheinander, Unordnung*
**message** *Nachricht, Mitteilung*
**microwave oven** *Mikrowellenherd*
**middle** *Mitte*
**midnight** *Mitternacht*
**might** *dürfte, könnte*
**mile** *Meile*
**milk** *Milch* **53**
**million** *Million*
**millionaire** *Millionär/in*
**mind** *etwas dagegen haben, ausmachen, stören*
**mind: I don't ~** *es macht mir nichts aus*
**mine** *meiner*
**mine: of ~** *von mir*
**mineral water** *Mineralwasser* **57**
**minute** *Minute*
**miserable** *elend*
**Miss** *Anrede: Fräulein*
**miss** *verpassen, vermissen, verfehlen*
**miss: what's ~ing?** *was fehlt?*
**mistake** *Fehler, Versehen* **57**
**mixed** *gemischt*
**mobile (phone)** *Handy*
**model** *Fotomodell*
**modern** *modern*
**moment** *Moment* **54**
**Monday** *Montag*
**money** *Geld* **79**
**monkey** *Affe*
**monster** *Ungeheuer*
**month** *Monat* **43**
**mood** *Laune*
**moon** *Mond*
**more** *mehr* **53**
**morning: good ~** *guten Morgen*
**morning: in the ~** *am Morgen*
**morning: this ~** *heute morgen*
**most** *das meiste*
**mother** *Mutter*
**mother-in-law** *Schwiegermutter*
**motorbike** *Motorrad*
**motorway** *Autobahn*
**mountain** *Berg*
**mountain bike** *Geländerad*
**mountain: in the ~s** *im Gebirge*
**mouth** *Mund*
**move** *bewegen (sich)*
**move** *umziehen (Wohnung)*
**move in** *einziehen*
**move out** *ausziehen (aus Wohnung)*
**movie film** Film
**Mr** *Anrede: Herr*
**Mrs** *Anrede: Frau, verheiratet*

**Ms** *Anrede: Frau, ledig/verheiratet*
**much** *viel*
**much more** *viel mehr*
**much: too ~** *zu viel; zu teuer*
**Mum** *Mutti*
**Munich** *München*
**museum** *Museum*
**mushroom** *Pilz*
**music** *Musik*
**must** *müssen* **93**
**my** *mein*
**my name is ...** *ich heiße ...* **21**
**myself** *mich (selbst)*
**mystery** *Geheimnis; Krimi*

## N

**name** *Name* **21**
**name: last ~** *Nachname*
**Naples** *Neapel*
**National Health Service** *Nationaler Gesundheitsdienst*
**navel** *Bauchnabel*
**near** *bei, in der Nähe von*
**near here** *in der Nähe* **79**
**nearby** *in der Nähe*
**necessary** *notwendig*
**neck** *Nacken, Hals*
**need** *brauchen* **39**
**negative** *negativ*
**neighbour** *Nachbar/in*
**neither ... nor** *weder ... noch*
**nephew** *Vetter*
**nervous** *nervös*
**never** *nie(mals)*
**new** *neu*
**New Zealand** *Neuseeland*
**news** *Nachrichten*
**newspaper** *Zeitung*
**next** *nächster*
**next corner** *nächste Ecke* **79**
**next to** *neben*
**nice** *nett, schön* **71**
**nice to meet you** *nett, Sie kennen zu lernen* **17**
**niece** *Nichte*
**night** *Abend, Nacht*
**night: good ~** *gute Nacht*
**nightmare** *Alptraum*
**no** *nein* **21**
**no** *kein*
**nobody** *niemand*
**noise** *Geräusch, Lärm*
**non-smoking** *Nichtraucher(zone)*
**nonsense** *Unsinn, Quatsch*
**noon** *12 Uhr mittags* **43**
**normal** *normal*
**Northern Ireland** *Nordirland*
**nose** *Nase*
**not** *nicht*
**not at all** *überhaupt nicht* **97**
**not so bad** *nicht so schlecht* **17**
**note** *Notiz; (Geld)Schein* **79**
**notebook** *Notizbuch*
**nothing** *nichts*
**notice** *bemerken*
**novel** *Roman*
**November** *November*
**now** *jetzt*
**nowhere** *nirgendwo*
**number** *Nummer, Zahl* **25**
**nurse** *Krankenpfleger, Krankenschwester*
**nylons** *Strumpfhose*

## O

**o'clock** *Uhr* **25**
**ocean** *Ozean*
**October** *Oktober*
**odd** *unpassend, seltsam*
**of** *von; des/der*
**of course** *natürlich* **35**
**of each** *von jedem* **79**
**offer** *anbieten*
**office** *Büro* **21**
**often** *oft*
**«oh»** *null (bei Telefonnummern)* **25**
**oil** *Öl*
**okay** *in Ordnung*
**old** *alt*
**olive oil** *Olivenöl*
**on** *auf*
**on a diet** *auf Diät* **57**
**on holiday** *im Urlaub* **89**
**on: what's ~?** *was läuft?, was gibt's?*
**once** *einmal*
**once a week** *einmal in der Woche*
**one** *ein*
**onion** *Zwiebel*
**only** *nur*
**oops!** *hoppla!*
**open** *offen; öffnen*
**operator** *Telefonvermittlung* **93**
**opposite** *gegenüber*
**or** *oder* **35**
**orange** *Orange; orange*
**order** *Bestellung; bestellen* **57**
**other** *anderer*
**otherwise** *sonst*
**ouch!** *au!*
**ought to** *sollte, müsste (eigentlich)*
**our** *unser*
**ours** *unserer*
**ourselves** *uns (selbst)*
**outside** *draußen, außerhalb*
**over** *über*
**over there** *dort drüben* **75**
**owe** *schulden*
**own** *eigener*
**own** *besitzen*
**own: on my ~** *(ich) allein*

## P

**pack** *packen*
**page** *Seite*
**pain** *Schmerz* **89**
**painful** *schmerzhaft*
**painkiller** *Schmerzmittel*
**paint** *Farbe; anstreichen, malen*
**painting** *Gemälde*
**pair of** *ein Paar* **71**
**pal** *Kumpel*
**palace** *Palast*
**pale** *bleich*
**palm tree** *Palme*
**panic** *Panik*
**pants** *Unterhose*
**paper** *newspaper, Zeitung; Papier*
**pardon?** *wie bitte?* **25**
**parent** *Elternteil*
**parents** *Eltern*
**park** *Park; parken*
**parking** *Parken*
**Parmesan cheese** *Parmesan*
**part** *Teil*
**part of town** *Stadtteil*
**partner** *Partner/in*
**party** *Party, Fest, Fete; Partei*
**pass** *reichen; bestehen*
**passenger** *Passagier/in*
**passport** *Reisepaß* **25**
**past** *nach (Uhrzeit)* **25**
**patient** *Patient/in* **89**
**patient** *geduldig*
**pay** *Bezahlung; bezahlen* **53**
**payphone** *Münztelefon*
**pea** *Erbse* **65**
**peanut** *Erdnuss*
**pear** *Birne*
**pen** *Stift*
**pen friend** *Brieffreund/in*
**penalty** *Strafgebühr*
**pence** *«Pfennige»*
**pencil** *Bleistift*
**penny** *«Pfennig»*
**people** *Leute*
**pepper** *Pfeffer*
**per person** *pro Person* **35**
**percent** *Prozent*
**perfect** *perfekt* **43**
**perfume** *Parfüm*
**perhaps** *vielleicht*
**person** *Person*
**person: in ~** *persönlich*
**personal** *persönlich*
**personally: take it ~** *es persönlich nehmen*
**personnel** *Personal*
**phone** *telefonieren; Telefon* **25**
**phone call** *Anruf*
**phonecard** *Telefonkarte*
**pick up** *abholen; aufheben*
**picture** *Bild*
**picture: take a ~** *ein Foto machen*
**piece** *Stück, Scheibe*
**pill** *Tablette*
**pilot** *Pilot/in*
**pineapple** *Ananas*
**pink** *rosa*
**pint** *0,53 Liter*
**place** *Ort, Platz*
**place to park** *Parkplatz*
**plan** *Plan, planen*
**plane** *Flugzeug* **34**
**plastic bag** *Plastiktüte*
**plate** *Teller*
**platform** *Bahnsteig* **39**
**play** *spielen*
**player** *Spieler/in*
**please** *bitte* **21**
**pleasure: for ~** *zum Vergnügen*
**plug in** *(Stecker) einstöpseln*
**plum** *Pflaume*
**plus** *plus*
**poached eggs** *verlorene Eier* **52**
**pocket** *Tasche*
**pocket: shirt ~** *Hemdtasche*
**point** *(Dezimal-)Punkt*
**police** *Polizei*
**police-station** *Polizeirevier* **93**
**policeman** *Polizist*
**policewoman** *Polizistin*
**polite** *höflich*
**politeness** *Höflichkeit*
**politician** *Politiker/in*
**pool** *Schwimmbad*
**poor** *arm; schlecht*
**poor quality** *schlechte Qualität*
**popstar** *Popstar*
**porridge** *Haferbrei*
**port** *Portwein* **61**
**position** *Stelle, Position*
**positive** *positiv*
**possible** *möglich* **89**
**post** *Post*
**post office** *Postamt*
**postcard** *Postkarte*
**pot** *Becher, Topf*
**potato** *Kartoffel* **61**
**pound** *Pfund Sterling* **36**; *Pfund = 453,59 g*
**poverty** *Armut*
**practical** *praktisch*
**practice** *Praxis* **89**
**practice** *Übung; üben*
**prefer** *vorziehen, bevorzugen*
**prepare** *vorbereiten*
**prescription** *Rezept*
**prescription charge** *Rezeptgebühr*
**press** *drücken; Presse*
**pretty** *hübsch*
**pretty** *ziemlich*
**price** *(Kauf-)Preis*
**prime minister** *Premierminister/in*
**private** *privat*
**probably** *wahrscheinlich*
**problem** *Problem*

**product** *Produkt*
**professor** *Professor/in*
**programme** *Sendung*
**prohibited** *verboten*
**promise** *Versprechung, versprechen*
**pronunciation** *Aussprache*
**proper** *ordentlich, ordnungsgemäß*
**property** *Immobilien*
**protect** *schützen*
**proud of** *stolz auf*
**psychiatrist** *Psychiater/in*
**psychology** *Psychologie*
**pub** *Kneipe*
**public school** *Privatschule*
**pupil** *Schüler/in*
**purple** *lila*
**purse** *Portemonnaie*
**put** *stecken; legen; stellen*
**put an ad in the (news)paper** *Anzeige in die Zeitung setzen*
**put on** *aufsetzen; anziehen*
**put through** *(telefonisch) verbinden*

## Q

**quality** *Qualität*
**quarter to** *Viertel vor* **25**
**queen** *Königin*
**question** *Frage*
**queue** *(Menschen)schlange; Schlange stehen*
**quick** *schnell*
**quiet** *ruhig*
**quite** *ziemlich* **71**
**quite: not ~** *nicht ganz*

## R

**race** *Rennen*
**radio** *Radio*
**radioactivity** *Radioaktivität*
**rain** *regnen* **97**
**rainbow** *Regenbogen*
**raincoat** *Regenmantel*
**rainy** *regnerisch*
**rank: taxi ~** *Taxistand*
**rare** *blutig* **61**
**rate: exchange ~** *Wechselkurs* **79**
**rather** *lieber; ziemlich*
**raw** *roh*
**reach** *erreichen*
**read** *lesen*
**read through** *durchlesen*
**ready** *fertig, bereit*
**real** *echt*
**real estate** *Immobilien*
**realize** *begreifen, sich klarmachen*
**really** *wirklich* **71**
**really: not ~** *eigentlich nicht*
**reason** *Grund*
**reasonable** *vernünftig*
**receipt** *Quittung*
**receive** *empfangen*
**reception** *Empfangsschalter, Rezeption*
**recession** *Wirtschaftsflaute*
**recipe** *Rezept*
**recommend** *empfehlen* **79**
**recommendation** *Empfehlung*
**recover** *genesen*
**red** *rot* **75**
**refrigerator** *Kühlschrank*
**regards: with best ~** *mit freundlichen Grüßen (Brief)*
**regular** *regelmäßig; Stammkunde, Stammkundin*
**relationship** *Beziehung*
**relax** *entspannen (sich)*
**relaxed** *entspannt*
**reliable** *zuverlässig*
**remember** *erinnern (sich)*
**remind** *jemanden (an etwas) erinnern*
**remote control** *Fernbedienung*
**renovate** *renovieren*
**rent** *Miete; mieten*
**repair** *reparieren*
**repair service** *Reparaturdienst*
**repeat** *wiederholen*
**reputation** *Ruf*
**reservation** *Reservierung*
**reserve** *reservieren*
**responsible for** *verantwortlich für*
**restaurant** *Gaststätte*
**restricted view** *eingeschränkte Sicht* **97**
**retire** *in Rente gehen*
**return** *hin und zurück (Fahrkarte)* **39**
**Rhine** *Rhein*
**rice** *Reis*
**rich** *reich*
**ride a bicycle** *Fahrrad fahren*
**right** *rechts; richtig*
**right away** *sofort, gleich*
**right here** *gleich hier*
**right now** *gerade jetzt, im Augenblick* **39**
**right: on the ~** *rechts*
**right: on your ~** *zu deiner Rechten*
**right: the ~ side** *die rechte (auch: richtige) Seite*
**ring** *klingeln; anrufen*
**ring back** *zurückrufen*
**risk** *riskieren*
**risk: take a ~** *ein Risiko eingehen*
**river** *Fluss*
**road** *Straße*
**roller-skate** *Rollschuh*
**rolls** *Brötchen* **53**
**romance** *Romanze*
**romantic** *romantisch*

**Rome** *Rom*
**room** *Platz; Zimmer* **35**
**room: waiting ~** *Wartezimmer*
**rose** *Rose* **83**
**round** *rund; Runde*
**routine** *Trott, Gewohnheit, Routine*
**rubber** *Gummi*
**rubber boot** *Gummistiefel*
**rubbish** *Müll, Abfall*
**ruin** *ruinieren*
**rule** *Regel*
**run** *laufen, rennen*
**run away** *weglaufen*

## S

**sack** *Sack*
**sack** *entlassen*
**sad** *traurig*
**safe** *Tresor*
**sail** *segeln*
**salad** *Salat* **57**
**salary** *Gehalt*
**sale** *(Aus)verkauf*
**sale: on ~** *erhältlich*
**salesman** *Verkäufer*
**salesperson** *Verkäufer/in*
**salmon** *Lachs* **57**
**salt** *Salz*
**same** *gleiche, selbe*
**same: the ~ to you** *gleichfalls*
**sand** *Sand*
**sandal** *Sandale*
**sandwich** *belegtes Brot*
**sandy** *sandig*
**satellite dish** *Satellitenschüssel (Antenne)*
**satisfied** *zufrieden*
**Saturday** *Samstag*
**sausage** *Wurst*
**sausages** *Bratwürstchen* **53**
**save** *sparen*
**say** *sagen*
**say: it ~s** *hier steht*
**scarf** *Schal*
**scary** *schaurig-schrecklich*
**scene** *Szene*
**school** *Schule*
**school system** *Schulsystem*
**Scotland** *Schottland* **32**
**Scottish** *schottisch*
**Scot** *Schotte, Schottin*
**scrambled eggs** *Rühreier* **50**
**screw** *Schraube*
**sea** *Meer*
**search for** *suchen nach*
**seat** *Sitz, Platz* **97**
**seat belt** *Sicherheitsgurt*
**seat: empty ~** *freier Platz*
**seat: take a ~** *nehmen Sie Platz*
**seat: toilet ~** *Klobrille*
**seatbelt: fasten your ~** *sich anschnallen*
**second** *Sekunde; zweiter, zweitens* **75**
**secret** *Geheimnis*
**secret agent** *Geheimagent/in*
**secretary** *Sekretär/in*
**see** *verstehen; sehen* **71**
**see you!** *bis bald!* **17**
**see: I ~** *ich verstehe*
**seem** *scheinen*
**seldom** *selten*
**self-catering** *Selbstversorgung*
**self-service** *Selbstbedienung*
**sell** *verkaufen* **75**
**send** *schicken*
**send off** *abschicken*
**sentence** *Satz*
**September** *September*
**serious** *ernst*
**serve** *servieren, bedienen*
**service** *Bedienung*
**several** *mehrere*
**sex** *Sex*
**sexy** *sexy*
**shall** *sollen*
**share** *Anteil*
**sharp** *scharf (geschliffen)*
**she** *sie (Einzahl)* **29**
**shine** *scheinen*
**ship** *Schiff*
**ship: by ~** *mit dem Schiff*
**shirt** *Hemd* **83**
**shit** *Scheiße*
**shocked** *schockiert*
**shoe** *Schuh* **71**
**shoot** *schießen*
**shop** *Laden*
**shop** *einkaufen*
**short** *klein (bei Personen), kurz (auch zeitlich)*
**short cut** *Abkürzung (eines Weges)*
**shorthand** *Steno*
**shorts** *kurze Hose*
**should** *sollten* **89**
**shoulder** *Schulter*
**shout** *schreien, laut rufen*
**show** *zeigen* **71**
**shower** *Dusche* **35**
**shrink** *einlaufen (Stoff)*
**sick** *krank*
**sick: I'm ~ of** *ich habe ... satt*
**side** *Seite (nicht im Buch)*
**sigh** *seufzen*
**sights** *Sehenswürdigkeiten*
**signature** *Unterschrift* **35**
**signs** *Schilder* **39**
**silent** *stumm, still*
**silk** *Seide*
**silly** *albern, dämlich*
**simple** *einfach*
**since** *seit*
**sincerely: yours ~** *mit freundlichen Grüßen*
**sing** *singen*
**singer** *Sänger/in*
**single** *einfach (Fahrkarte); ledig*
**single room** *Einzelzimmer* **35**

**singular** *Einzahl*
**sir** *Anrede: mein Herr* **35**
**sister** *Schwester*
**sister-in-law** *Schwägerin*
**sit** *sitzen*
**sit down** *sich hinsetzen*
**situation** *Situation*
**size** *Größe* **71**
**skirt** *Rock* **83**
**sleep** *schlafen*
**sleep in** *sich ausschlafen*
**sleep well!** *schlaf gut!*
**slice** *Scheibe*
**slide** *Dia*
**slipper** *Hausschuh*
**slow** *langsam*
**slowly** *langsam* **16**
**small** *klein* **75**
**smart** *pfiffig* **71**
**smell** *riechen; Geruch*
**smile** *lächeln*
**smoke** *rauchen* **89**
**snow** *schneien*
**so** *also, nun*
**social security** *Sozialgeld*
**so there!** *so, das hast du nun davon!*
**so what?** *na und?*
**so-called** *so genannt*
**so-so** *so so*
**soap** *Seife*
**soap opera** *Seifenoper*
**sock** *Socke*
**sofa** *Sofa*
**sold out** *ausverkauft* **97**
**solve** *lösen (z. B. Problem)*
**some** *etwas* **53**
**some more** *noch etwas*
**somebody** *jemand*
**someone** *jemand*
**something** *etwas*
**sometimes** *manchmal*
**somewhere** *irgendwo*
**somewhere else** *anderswo*
**son** *Sohn*
**song** *Lied*
**soon** *bald*
**soon: see you ~** *bis bald*
**sore** *wund*
**sorry: I'm ~** *tut mir Leid* **39**
**sorry?** *wie bitte?*
**soul** *Seele*
**sound** *klingen; Klang*
**soup** *Suppe* **57**
**sour** *sauer*
**south** *Süden*
**souvenir** *Andenken*
**space** *Weltall*
**spaghetti** *Spaghetti*
**Spain** *Spanien*
**Spanish** *spanisch*
**speak** *sprechen* **93**
**speaker** *Sprecher*
**special** *besonderer*
**specialist** *Facharzt, Fachärztin; Spezialist/in*
**speed** *Geschwindigkeit*
**speed of sound** *Schallgeschwindigkeit*
**spell** *buchstabieren*
**spend time** *Zeit verbringen*
**spend money on** *Geld ausgeben für*
**spill** *verschütten*
**split up** *(sich) trennen*
**spoon** *Löffel*
**spoonful** *ein Löffel (voll)*
**sports** *Sport*
**spread** *streichen*
**square** *Platz*
**St., Street** *Straße*
**staff** *Belegschaft, Personal*
**stairs** *Treppe*
**stairs: down the ~** *die Treppe hinunter*
**stamp** *Briefmarke*
**stand** *stehen; aushalten, ertragen*
**stand for** *stehen für etwas*
**stand up** *aufstehen*
**star: film ~** *Filmstar*
**start** *anwerfen; anfangen* **89**
**statement** *Aussage*
**States: the ~** *die USA*
**station** *Bahnhof* **39**
**station: underground ~** *U-Bahn-Haltestelle*
**stay** *bleiben; übernachten*
**stay up** *aufbleiben*
**steak** *Steak* **62**
**steal** *stehlen*
**steps** *Treppe*
**stiff** *steif*
**still** *noch*
**stomach** *Magen, Bauch*
**stomach-ache** *Magenschmerzen*
**stop** *aufhören; halten* **43**
**stop it!** *hör damit auf!*
**story** *Geschichte*
**straight ahead** *geradeaus*
**strange** *seltsam, fremd*
**stranger** *Fremde/r*
**strawberry** *Erdbeere*
**street** *Straße*
**street map** *Stadtplan*
**stress** *Stress*
**strike** *Streik*
**strong** *stark*
**structure** *Struktur*
**student** *Student/in* **21**
**study** *lernen, pauken*
**stuff** *Zeug*
**stupid** *dumm*
**subject** *Fach*
**submarine** *U-Boot*
**suburb** *Vorstadt*
**subway** *Unterführung; U-Bahn (US)*
**such** *solch, derartig*
**suddenly** *plötzlich*
**suffer** *leiden*
**sugar** *Zucker*
**suggestion** *Vorschlag*
**suit** *Anzug*
**suitcase** *Koffer*
**summer** *Sommer*
**sun** *Sonne*
**Sunday** *Sonntag*
**sunglasses** *Sonnenbrille*

**sunny** *sonnig* **97**
**super** *super*
**supermarket** *Supermarkt*
**suppose** *denken, meinen, annehmen*
**sure** *sicher* **71**
**surgery: doctor's ~** *Arztpraxis*
**surgery hours** *Sprechstunde*
**surname** *Nachname*
**surprise** *Überraschung*
**survey** *Umfrage*
**sweat** *schwitzen*
**sweater** *Pullover*
**sweep** *fegen*
**sweet** *süß; lieb*
**sweets** *Süßigkeiten*
**swim** *schwimmen*
**swimming pool** *Schwimmbad*
**swimsuit** *Badeanzug*
**Swiss** *schweizerisch, Schweizer/in*
**Switzerland** *Schweiz* **21**

## T

**table** *Tisch* **61**
**tablet** *Tablette*
**take** *dauern; nehmen* **35**
**take off** *starten* **43**
**take off** *(sich) ausziehen*
**take over** *übernehmen*
**take to** *bringen zu*
**take-off** *Abflug*
**talk** *reden*
**talk about** *sprechen über*
**talk: small ~** *Geplauder*
**tall** *groß (Körper), hoch (Gebäude)*
**tan** *Sonnenbräunung*
**tape recorder** *Kassettenrekorder*
**taste** *schmecken*
**tax: value-added ~** *Mehrwertsteuer*
**taxi** *Taxi*
**taxi: by ~** *mit dem Taxi*
**tea** *Tee* **53**
**teabag** *Teebeutel*
**teach** *unterrichten, lehren*
**teacher** *Lehrer*
**team** *Mannschaft*
**technical** *technisch*
**technology** *Technologie*
**teeth** *Zähne* **89**
**teeth: brush my ~** *mir die Zähne putzen*
**telephone** *Telefon*
**telephone box** *Telefonzelle*
**telephone card** *Telefonkarte*
**television** *Fernseher*
**television: on ~** *im Fernsehen*
**tell** *erzählen*
**telly** *Fernsehen, Fernseher*
**temperature** *Fieber* **89**
**tennis** *Tennis*
**term** *Semester, Trimester*
**terminal** *Abflughalle*
**terrible** *furchtbar, fürchterlich* **89**
**terribly** *schrecklich* **57**
**terrorist** *Terrorist/in*
**than** *als*
**thank you** *danke sehr* **35**
**thanks** *danke* **17**
**that** *das; dass*
**that's me** *das bin ich* **21**
**the** *der, die, das* **29**
**theatre** *Theater*
**their** *ihr (Mehrzahl)*
**theirs** *ihrer*
**them** *sie, ihnen* **75**
**themselves** *(sie) selbst*
**then** *dann* **39**
**theory** *Theorie*
**therapy** *Therapie*
**there** *da*
**there are** *es gibt* **43**
**there are no** *es gibt keine*
**there is no** *es gibt keinen* **54**
**there you are** *bitte sehr* **39**
**there's/there is** *es gibt* **43**
**these** *diese*
**they** *sie (Mehrzahl)*
**thick** *dick (nicht fett)*
**thin** *dünn*
**thing** *Sache, Ding*
**things like that** *solche Sachen*
**think** *denken* **57**
**think about** *nachdenken über*
**think of** *denken an*
**third** *drittens, dritter* **75**
**thirsty** *durstig*
**this one** *dieser da* **71**
**those** *jene, diese*
**though** *allerdings*
**thousand** *tausend*
**threaten** *(be)drohen*
**thriller** *Abenteuerfilm, Krimi*
**throat** *Kehle, Hals* **101**
**throat: sore ~** *Halsschmerzen*
**through** *durch*
**throw** *werfen*
**thumb** *Daumen*
**thunder** *Donner*
**Thursday** *Donnerstag*
**ticket** *Karte; Flugschein, Fahrkarte* **39**
**tie** *Krawatte*
**tight** *eng*
**tights** *Strumpfhose*
**till** *bis*
**time** *Mal; Zeit*
**time: free ~** *Freizeit*
**time: have a good ~** *Spaß an etwas haben*
**time: how many ~s** *wie oft*
**time: take your ~** *lassen Sie sich Zeit*
**time: what ~ is it?** *wie spät ist es?* **25**
**tin** *Konservendose*

**tip** *Trinkgeld* 61
**tired** *müde*
**to** *vor (Uhrzeit); nach; zu* 39
**toast** *Toast* 53
**today** *heute* 89
**toe** *Zeh*
**toenail** *Zehennagel*
**together** *zusammen*
**toilet** *Toilette*
**toilet paper** *Klopapier*
**tomato** *Tomate* 51
**tomorrow** *morgen* 17
**ton** *Tonne (Gewicht)*
**tone** *Ton*
**tonight** *heute Abend*
**too** *auch; zu* 75
**tool** *Werkzeug*
**tooth** *Zahn*
**toothache** *Zahnschmerzen*
**top** *Spitze; Oberteil*
**totally** *völlig*
**touch** *berühren*
**tough luck!** *Pech gehabt!*
**tourist** *Tourist*
**tourist information** *Fremdenverkehrsverein*
**towel** *Handtuch*
**tower** *Turm*
**toy** *Spielzeug*
**trade union** *Gewerkschaft*
**traffic** *Verkehr*
**traffic light** *Ampel* 97
**train** *Zug* 34
**trainers** *Sportschuhe*
**translate** *übersetzen*
**travel** *reisen*
**travel agency** *Reisebüro*
**traveller's checks** *Reiseschecks*
**tray** *Tablett*
**treat** *spendieren*
**treatment** *Behandlung*
**trip** *Ausflug* 97
**trip** *stolpern*
**trolley** *Einkaufswagen*
**trouble: in ~** *in Schwierigkeiten*
**trousers** *Hose* 83
**true** *wahr*
**try** *versuchen, probieren*
**try on** *anprobieren* 75
**Tube** *Londoner U-Bahn* 39
**Tuesday** *Dienstag*
**turn** *abbiegen* 97
**turn blue** *blau werden*
**turn down** *leiser machen*
**turn off** *abschalten*
**turn on** *einschalten*
**turn up** *lauter machen*
**turn: it's your ~** *du bist an der Reihe*
**turning** *Abzweigung* 97
**TV** *Television, Fernseher*
**tweed suit** *Tweed-Anzug* 75
**twice** *zweimal*
**twin** *Zweibettzimmer*
**twins: identical ~** *eineiige Zwillinge* 41
**type** *tippen*
**typewriter** *Schreibmaschine*
**typical** *typisch* 79
**typist** *Schreibkraft*

## U

**ugly** *hässlich*
**umbrella** *Regenschirm* 71
**uncle** *Onkel*
**under** *unter*
**underground** *U-Bahn*
**underline** *unterstreichen*
**understand** *verstehen*
**underwear** *Unterhose*
**unemployed** *arbeitslos*
**unemployment** *Arbeitslosigkeit*
**unemployment benefit** *Arbeitslosengeld*
**unemployment: rate of ~** *Arbeitslosenquote*
**unfortunately** *leider*
**unhappy** *nicht froh*
**United States** *Vereinigte Staaten*
**United Kingdom** *Vereinigtes Königreich*
**university** *Universität*
**until** *bis*
**up** *hoch, nach oben*
**up: what's ~?** *was gibt's?*
**upstairs** *(nach) oben (im Haus)*
**urgent** *dringend* 89
**us** *uns*
**use** *benutzen*
**used to** *gewöhnt an*
**used to** *pflegte (früher) zu*
**usual** *üblich, gewöhnlich*
**usually** *normalerweise*

## V

**vacation: on ~** *im Urlaub,*
**vacuum cleaner** *Staubsauger*
**valid** *gültig*
**valley** *Tal*
**valuable** *wertvoll*
**van** *Kleinlastwagen*
**vanilla** *Vanille*
**vast** *weit, ausgedehnt*
**VAT** *value-added tax, UK-Mehrwertsteuer* 42
**vegetables** *Gemüse* 61
**vegetarian** *Vegetarier/in*
**versus** *gegen,*
**vertigo** *Höhenangst*
**very** *sehr* 61
**very last** *allerletzte* 61
**vest** *Unterhemd*
**vice versa** *umgekehrt*
**video** *Video*
**video game** *Videospiel*
**video recorder** *Videorecorder*
**Vienna** *Wien*
**view** *Aussicht*
**village** *Dorf*
**virus** *Virus*

**visit** *besuchen*
**visitor** *Besucher/in*
**voice** *Stimme*
**volume** *Lautstärke; Band*
**vomit** *sich übergeben*
**vote** *wählen*

## W

**wage** *Lohn*
**wait** *warten*
**waiter** *Kellner* **57**
**waiting room** *Wartezimmer*
**waitress** *Kellnerin* **53**
**waitress!** *Fräulein!* **53**
**wake up** *aufwachen*
**walk** *Spaziergang; gehen, laufen*
**walk: to go for a ~** *spazieren gehen*
**wall** *Wand*
**wallet** *Geldbeutel, Brieftasche*
**want** *wollen*
**wanted** *gesucht*
**warm** *warm* **97**
**wary** *vorsichtig, behutsam*
**wash** *waschen (sich)*
**wash up** *Geschirr spülen*
**washing machine** *Waschmaschine*
**watch** *Armbanduhr*
**watch out** *aufpassen*
**watch TV** *fernsehen*
**water** *Wasser*
**way** *Weg*
**way: by the ~** *übrigens*
**way: on the ~** *auf dem Weg*
**we** *wir*
**we've got** *wir haben* **57**
**weapon** *Waffe*
**wear** *(Kleider) tragen, anhaben*
**weather** *Wetter* **97**
**weather report** *Wetterbericht*
**Wednesday** *Mittwoch*
**week** *Woche* **43**
**weekday** *Wochentag*
**weekend** *Wochenende*
**weigh** *wiegen*
**weight** *Gewicht*
**weird** *seltsam, ausgeflippt*
**welcome to** *willkommen in*
**welcome: you're ~!** *gern geschehen!*
**well** *nun also, tja, äh ...*
**well** *gut, gesund*
**well-done** *durchgebraten* **61**
**Welsh** *walisisch*
**what** *was*
**what a pity!** *wie schade!*
**what about** *wie wär's mit* **61**
**wheel** *Lenkrad, Rad*
**what about you?** *und du?*
**what time is it?** *wie spät ist es?* **25**
**what's the problem?** *was fehlt Ihnen denn?* **89**
**what's the time?** *wie viel Uhr ist es?* **25**
**what's wrong?** *wo fehlt's denn?* **89**
**what?** *was?* **21**
**when** *als*
**when?** *wann?* **39**
**whenever** *jedes Mal, wenn*
**where to?** *wohin?* **39**
**where?** *wo?* **21**
**which** *welcher*
**which line?** *welche U-Bahn-Linie?* **39**
**while** *während*
**while: a ~** *eine Weile*
**whisky** *Whisky* **62**
**whisper** *flüstern*
**white** *weiß*
**white wine** *Weißwein* **61**
**who** *wer*
**whole** *ganz, gesamt*
**whom?** *wen?* **89**
**whose** *wessen*
**why?** *warum?* **75**
**wife** *Ehefrau* **75**
**wild** *wild, verrückt*
**will** *werden* **35**
**window** *Fenster* **61**
**wine** *Wein* **58**
**winter** *Winter*
**wire** *Kabel, Draht*
**wish** *wünschen*
**with** *mit*
**with private bathroom** *mit Bad* **35**
**within** *innerhalb* **89**
**without** *ohne*
**without bathroom** *ohne Bad* **35**
**woman** *Frau*
**wonder: no ~** *kein Wunder*
**wonderful** *wunderbar* **79**
**word** *Wort*
**work** *Arbeit; arbeiten, funktionieren*
**worker** *Arbeiter*
**world** *Welt*
**worry about** *sich Sorgen machen um*
**worse** *schlechter*
**worst** *schlechtester*
**worth** *wert*
**would** *würden*
**would like** *möchte*
**write** *schreiben*
**write down** *aufschreiben*
**writer** *Autor/in*
**wrong** *falsch*

## Y

**yawn** *gähnen*
**year** *Jahr*
**yellow** *gelb* **93**
**yes** *ja* **21**
**yesterday** *gestern*
**yet** *schon; noch*
**yet: not ~** *noch nicht*

**yet?** *schon, inzwischen*
**yogurt** *Joghurt*
**you** *du, Sie, ihr* **17**
**you're welcome** *gern geschehen* **97**
**young** *jung*
**your** *deine* **25**
**your** *Ihr* **21**
**yours** *deiner*
**yours: of ~** *von dir*
**yourself** *dich/dir (selbst)*

## Z

**zero** *null*
**zoo** *Zoo*

# Wörterbuch

Dieses deutsch-englische Wörterbuch beinhaltet rund 2200 Wörter und Wendungen. Es gilt zu beachten:
Im Deutschen werden sowohl männliche als auch weibliche Varianten der Hauptwörter angegeben. Es werden nur gängige Begriffe angeführt.
Die **Zahlen** geben an, auf welcher Seite die 300 wichtigsten Wörter, mit denen sich dieses Sprachbuch besonders befasst, eingeführt beziehungsweise erklärt werden.

## Deutsch – Englisch

### A

**ab** *from,* **~ (jetzt)** *from now on*
**abbiegen** *turn (left/right)* **97**
**Abend** *evening, tonight,* **~essen** *dinner*
**Abenteuer** *adventure*
**aber** *but* **61**, *however*
**Abfall** *rubbish*
**Abflug** *take-off,* **~halle** *terminal*
**abheben (Telefon)** *answer the telephone* **93**
**abholen** *pick up*
**Abkürzung** *abbreviation,* **~ (Weg)** *short cut*
**abnehmen (Gewicht)** *lose weight*
**Abneigung** *dislike*
**Abreise** *departure*
**absagen** *cancel*
**abschalten** *turn off*
**abschicken** *send off*
**Abschlusszeugnis** *diploma*
**absolut** *definitely*
**abstürzen** *crash*
**Abteilung** *department* **75**
**Abzweigung** *turning* **97**
**Adresse** *address*
**Affe** *monkey*
**Afrika** *Africa*
**Aktivität** *activity*
**Akzent** *accent*
**albern** *silly*
**Alkohol** *alcohol*
**alle** *all* **79**, *all the, everyone,* **~ anderen** *everybody else*
**Allee** *avenue*
**allein** *alone,* **ich ~** *by myself, on my own*
**allerdings** *though*
**allergisch auf** *allergic to*
**allerletzte** *very last* **61**
**alles** *everything*
**Alltagsleben** *everyday life*
**Alphabet** *alphabet*
**Alptraum** *nightmare*
**als (Vergleich)** *than,* **~ (Zeit)** *when*
**alt** *old*
**Alter** *age*
**Alternative** *alternative*
**am** *at, by* **61**
**Ambulanz** *casualty ward* **88**
**Amerika (auch USA)** *America,* **~ner/in** *American,* **~nisch** *American*
**Ampel** *traffic light* **97**

**Ananas** *pineapple*
**anbieten** *offer*
**Andenken** *souvenir*
**anderer** *other*
**anders** *different*
**anderswo** *somewhere else*
**anfangen** *begin, start* **89**
**Angebot: im ~** *reduced price*
**angebrannt** *burnt*
**angenehm** *pleasant*, **~ (beim Kennenlernen)** *how do you do?* **17**
**Angestellte/r** *employee* **21**
**anhaben** *wear*
**ankommen** *arrive* **43**, *get to* **43**
**annehmen** *accept* **79**; *suppose (denken)*
**anprobieren** *try on* **75**
**Anruf** *(phone) call*, **~beantworter** *answerphone*
**anrufen** *call* **97**, *ring*
**anschließen: sich ~** *join*
**anschnallen: sich ~** *fasten (your) seatbelt*
**anstreichen** *paint*
**Anteil** *share*
**Antiquität** *antique*
**Antwort** *answer*
**antworten** *answer*
**anwerfen** *start*
**Anzeige** *advertisement*, **~ in die Zeitung setzen** *put an ad in the (news)paper*
**anziehen (Kleidung)** *put on*
**Anzug** *suit*
**Apfel** *apple*, **~kuchen** *apple pie*
**Apotheker/in** *chemist* **88**
**Apparat bleiben: am ~** *hold the line*
**April** *April*
**arbeiten** *work* **21**
**Arbeit** *work*, **~er** *worker*, **~geber/in** *employer*, **~nehmer/in** *employee*, **~samt** *job centre*, **~slosengeld** *unemployment benefit, dole*, **~slosenquote** *unemployment: rate of ~*, **~slosigkeit** *unemployment*
**arbeitslos** *unemployed*
**Arm** *arm*
**arm** *poor*
**Armbanduhr** *watch*
**Armut** *poverty*
**Arzneimittel** *medicine*
**Arzt, Ärztin** *doctor* **90**, *GP (general practitioner)* **87**, **~praxis** *doctor's surgery*
**Asien** *Asia*
**Assistent/in** *assistant*
**Atem** *breath*
**Atlantik** *Atlantic*
**auch** *also* **75**, *too* **75**, **~ nicht** *(not) either*
**auf** *on, at*
**aufbleiben** *stay up*
**aufgrund** *due to*
**aufheben** *pick up*
**aufhören** *stop*
**Aufmerksamkeit** *attention*
**aufpassen** *look after, watch out*
**aufregend** *exciting*
**Aufsatz** *essay*
**aufschreiben** *write down*
**aufsetzen** *put on*
**aufstehen** *stand up, get up*
**aufwachen** *wake up*
**Auge** *eye*
**Augenblick: im ~** *right now*
**August** *August*
**aus: ~ London** *from* **21**
**Ausbildung** *education*
**Ausflug** *trip* **97**
**ausfüllen** *fill in*
**ausgeben: Geld ~ für** *spend money on*
**ausgeflippt** *weird*
**ausgehen** *go out*
**ausgezeichnet** *excellent*
**aushalten** *stand*
**Ausland: im/ins ~** *abroad*
**Ausländer/in** *foreigner*
**ausländisch** *foreign*
**ausmachen: es macht mir nichts aus** *I don't mind*
**ausreden** *finish talking*
**Aussage** *statement*
**ausschlafen: sich ~** *sleep in*
**aussehen** *look*, **~ wie** *look like* **75**
**außer** *except*
**außerdem** *besides*
**außerhalb** *outside*
**Aussicht** *view*
**Aussprache** *pronunciation*
**aussteigen** *get off, get out*
**Ausstellung** *exhibition*
**Australien** *Australia*, **Australier/in** *Australian*, **australisch** *Australian*
**Ausverkauf** *sale*
**ausverkauft** *sold out* **97**
**Auswahl** *choice*
**auswählen** *choose*
**ausziehen (aus Wohnung)** *move out*, **sich ~** *take off*
**Auto** *car* **93**, *automobile*, **~bahn** *motorway*, **~vermietung** *car hire*
**Autor/in** *writer*

## B

**Baby** *baby*
**babysitten** *babysit*
**backen** *bake*
**Bad (Badezimmer)** *bathroom* 35, **mit ~** *with private bathroom* 35
**Badeanzug** *swimsuit*, **~mantel** *bathrobe, dressing-gown*, **~wanne** *bath* 35
**Bahnhof** *station* 39, **~steig** *platform* 39
**bald** *soon*
**Ball** *ball*
**Banane** *banana*
**Band (Buch)** *volume*
**Bank** *bank* 79
**Bär** *bear*
**Bargeld** *cash*
**Bauch** *belly, stomach*
**Bauchnabel** *navel*
**bauen** *build*
**Bauernhof** *farm*
**Baumwolle** *cotton* 83
**Bayern** *Bavaria*
**beantworten** *answer*
**Becher** *cup, pot*
**bedeuten** *mean*
**bedien dich!** *help yourself!*
**bedienen** *serve*
**Bedienung** *service*
**bedrohen** *threaten*
**beeilen: sich ~** *hurry*
**beeinflussen** *influence*
**beenden** *finish*
**Befehl** *command*
**begreifen** *realize*
**behalten** *keep* 61
**Behandlung** *treatment*
**behutsam** *wary*
**bei** *near*
**beide** *both*
**Bein** *leg*
**beißen** *bite*
**bekommen** *get, receive*
**belästigen** *bother*
**Belegschaft** *staff*
**bemerken** *notice*
**benehmen: sich ~** *behave*
**benutzen** *use*
**bequem** *comfortable, convenient*
**bereit** *ready*
**Berg** *mountain*
**Berliner (Gebäck)** *doughnut*
**Berufserfahrung** *job experience*
**berühmt** *famous*
**berühren** *touch*
**beschäftigen** *employ*
**beschäftigt** *busy*
**beschweren: sich ~** *complain*
**Besen** *broom*
**besetzt (Telefon): Leitung ist ~** *the line is engaged*
**besitzen** *own*
**besonderer** *special*
**besonders** *especially*
**Besprechung** *meeting, discussion*
**besser** *better* 89
**bestätigen** *confirm*
**bestehen** *pass*, **~ aus** *consist of*
**bestellen** *order* 57
**Bestellung** *order*
**bester** *best*
**besuchen** *visit*
**Besucher/in** *visitor*
**betrunken** *drunk*
**Bett** *bed*
**betteln** *beg*
**bevorzugen** *prefer*
**bewegen: sich ~** *move*
**bewerben um: sich ~** *apply for*
**Bewerbung** *application*
**bewölkt** *cloudy* 97
**bewundern** *look up to*
**bezahlen** *pay* 53
**Bezahlung** *pay*
**Beziehung** *relationship*
**BH** *bra*
**Bibliothek** *library*
**Bier** *beer, bitter* 61, **kleines ~** *half a pint* 57
**Bild** *picture*
**billig** *cheap* 71, *inexpensive*
**bin: Ich ~** *am* 29
**Binnensee** *lake*
**Birne** *pear*
**bis (Zeit)** *till, until, by*, **~ bald!** *see you (soon)!* 17
**bißchen: ein ~** *a bit, a little*
**bist: ~ du ...?** *are you ...?* 21
**bitte** *please* 21, **~ sehr** *here you are* 35, *there you are* 39
**bitten um** *ask for*
**Blatt** *leaf*
**blau** *blue* 83
**bleiben** *stay*
**bleich** *pale*
**Bleistift** *pencil*
**blond** *blond*
**Blues(musik)** *blues*
**Blume** *flower*
**Bluse** *blouse* 75
**Blut** *blood*, **~wurst** *black pudding* 51
**blutig (Steak)** *rare* 61
**Boden** *ground*
**Bordkarte** *boarding pass*
**borgen: sich ~** *borrow*
**böse** *angry*
**brandneu** *brand-new*
**braten** *fry*
**Bratpfanne** *frying pan*, **~würstchen** *sausages* 53

**brauchen** *need* **39**
**braun** *brown*
**brechen** *break*
**brennen** *burn*
**Brief** *letter*, **~freund/in** *pen friend*, **~marke** *stamp*, **~tasche** *wallet*, **~umschlag** *envelope*, **~verkehr** *correspondence*
**Brille** *glasses*
**bringen (her~)** *bring*, **(hin~)** *take*
**britisch** *British*
**Brokkoli** *broccoli*
**Brot** *bread* **53**, **belegtes ~** *sandwich*
**Brötchen** *rolls* **53**
**Bruder** *brother*
**Brust** *chest* **89**, *breast*
**Buch** *book*, **~handlung** *bookshop*, **~stabe** *letter*
**buchen** *book* **42**
**buchstabieren** *spell*
**Burg** *castle*
**Büro** *office* **21**
**bürsten** *brush*
**Bus** *bus* **38**, **~haltestelle** *bus stop*
**Butter** *butter* **53**

## C

**Café** *café*
**Cassettenrecorder** *cassette recorder*
**CD-Spieler** *CD-player*
**Champagner** *champagne*
**Chauvi** *chauvinist*
**Chef/in** *boss* **21**
**chinesisch** *Chinese*
**Cholesterin** *cholesterol*
**College** *college*
**Comic-Heft** *comic book*
**Computer** *computer*
**Cornflakes** *cornflakes* **53**
**Cousin/e** *cousin*

## D

**da** *there*
**Dame** *lady*, **~nmode** *ladies' wear* **75**
**dämlich** *silly*
**danach** *after that*
**danke** *thanks* **17**
**dann** *then* **39**
**das** *the* **29**, *that*
**dass** *that*
**Datum** *date*
**dauern** *last, take*
**dauernd** *constantly*
**Daumen** *thumb*
**definitiv** *definitely*
**deine ~** *your ...* **25**
**denken** *suppose, think* **57**
**deprimiert** *depressed*
**der** *the* **29**
**derartig** *such, so*
**des/der (Genitiv)** *of*
**deutsch** *German*, **Deutsche/r** *German* **21**, **Deutschland** *Germany* **21**
**Dezember** *December*
**Dezimalpunkt** *point*
**Dia** *slide*
**Diät: auf ~** *on a diet* **57**
**dich (selbst)** *yourself*
**dick** *thick, fat*
**die** *the* **29**
**Dienstag** *Tuesday*
**diese (jene)** *these, those*
**Ding** *thing*
**direkt vor** *just before*
**Diskothek** *disco*
**Diskette** *disk*
**Donner** *thunder*
**Donnerstag** *Thursday*
**Doppel** *double* **25**, **~zimmer** *double room* **35**
**Dorf** *village*
**dort** *there* **75**
**Dose** *can*
**Draht** *wire*
**draußen** *outside*
**dringend** *urgent* **89**
**dritter** *third* **75**
**drohen** *threaten*
**drücken** *press*
**du** *you* **17**
**dumm** *stupid*
**dunkel** *dark*
**dünn** *thin*
**durch** *through*, **~(gebraten)** *well-done* **61**
**Durcheinander** *mess*
**durchlesen** *read through*
**dürfen** *may* **93**, *be allowed to*
**dürfte** *might*
**durstig** *thirsty*
**Dusche** *shower* **35**

## E

**echt** *real*
**Ecke** *corner* **79**
**egal wo** *anywhere*
**Ehe** *marriage* **~frau** *wife* **75**, **~mann** *husband* **89**
**Ei** *egg* **53**
**eigen** *own*
**eigentlich** *actually*
**~ nicht** *not really*
**Eile** *hurry*
**ein(e)** *a, an* **21**, *one*
**ein anderer** *another* **71**
**einander** *each other*
**einchecken** *check in*
**einfach** *easy* **39**, *simple*, **~ (Fahrkarte)** *single*
**Einführung** *introduction*
**Eingang** *entrance*

**eingeben** *enter*
**einige** *a few*
**einkaufen** *shop*
**Einkaufswagen** *trolley*
**einladen** *invite*
**Einladung** *invitation*
**einlaufen (Stoff)** *shrink*
**Einmachglas** *jar*
**einmal** *once*
**einsam** *lonely*
**einschalten** *turn on*
**einschlafen** *fall asleep*
**einsteigen** *board, get in*
**einstöpseln** *plug in*
**einwerfen** *insert*
**Einzahl** *singular*
**Einzelzimmer** *single room* **35**
**einziehen** *move in*
**Eis** *ice* **61**, *ice cream*
**eiskalt** *ice cold*
**ekelhaft** *disgusting*
**elektrisch** *electric*
**elend** *miserable*
**Ellbogen** *elbow*
**Eltern** *parents*
**empfangen** *receive*
**Empfangsschalter** *reception*
**empfehlen** *recommend* **79**
**Empfehlung** *recommendation*
**Ende** *end*
**endlich** *finally*
**eng** *tight*
**Engel** *angel*
**englisch** *English* **21**
**Enkel/in** *grandson/granddaughter*
**entdecken** *discover*
**Ente** *duck*
**entführen (Person)** *kidnap*
**entlang** *along*
**entlassen** *sack*
**entscheiden: sich ~** *decide*
**entschuldigen (für/wegen): sich ~** *apologize (for)*
**Entschuldigung!** *excuse me!* **25**
**entspannen: sich ~** *relax*
**entspannt** *relaxed*
**entweder ... oder** *either ... or*
**er** *he* **29**
**Erbse** *pea*
**Erdbeere** *strawberry*
**Erdgeschoss** *ground floor* **75**
**Erdnuss** *peanut*
**Erfahrung** *experience*
**erinnern: jemanden (an etwas) ~** *remind*, **sich ~** *remember*
**erkältet sein** *have a cold* **93**
**Erkältung** *cold*
**erklären** *explain*
**erlauben** *allow*
**ernst** *serious*
**erreichen** *reach*
**erste (~r, ~s)** *first* **101, ~ Klasse** *first class*
**ertragen** *stand*
**erwähnen** *mention*
**erwarten** *expect*
**erzählen** *tell*
**es** *it*
**essen** *eat* **53**
**Essen** *food*, **~ (Mahlzeit)** *meal*
**Essstäbchen** *chopsticks*, **~zimmer** *dining-room*
**Etage: eine ~ tiefer** *downstairs*
**etwas** *some* **53**, *something*
**Europa** *Europe*, **europäisch** *European*
**ewig** *forever*
**Experte, Expertin** *expert*
**explodieren** *explode*
**extragroß (Kleidung)** *extra large*

## F

**Fabrik** *factory*
**Fach** *subject*
**Facharzt, Fachärztin** *specialist*
**fähig sein zu** *be able to*
**Fähre** *ferry*
**fahren** *drive*
**Fahrer/in** *driver*
**Fahrgeld** *fare*, **~karte** *ticket* **39, ~rad** *bicycle*, **~rad fahren** *ride a bicycle*, **~stuhl** *lift*
**Fall** *case*
**fallen** *fall*, **~ lassen** *drop*
**falls** *if*
**falsch** *false, wrong*
**Familie** *family*
**Fan** *fan*
**Farbe** *colour* **71, ~ (zum Anstreichen)** *paint*
**Farm** *farm*
**fast** *almost*, **~ nie** *hardly ever*
**faul** *lazy*
**Fax** *fax*
**Februar** *February*
**fegen** *sweep*
**Fehler** *fault, mistake*
**Feierabend (Kneipe)** *closing time* **61**
**feiern** *celebrate*
**fein** *fine*
**Feinschmecker** *gourmet, foodie* **56**
**Fenster** *window* **61**
**Ferienhäuschen** *cottage* **43**
**Fernbedienung** *remote control*

**fernsehen** *watch TV*
**Fernsehen** *telly*, **im ~** *on television*
**Fernseher** *television, TV, telly*
**fertig** *ready*
**fest** *definite*
**Fest** *party*
**Festland** *mainland* **34**
**festmachen** *fasten*
**Fete** *party*
**Feuerwehr** *fire service*
**Fieber** *fever, temperature* **89**
**fies** *mean*
**Filiale** *branch*
**Film** *film, movie*, **~star** *film star, movie star*, **Grusel~** *horror film*
**finden** *find*
**Finger** *finger*, **~nagel** *fingernail*
**Firma** *company, firm*
**Fisch** *fish* **57**, **~imbiss** *fish-and-chip shop*
**Flasche** *bottle*
**Fleisch** *meat*
**fliegen** *fly*
**fließend** *fluent*
**flirten** *flirt*
**Flug** *flight*, **~gesellschaft** *airline*, **~hafen** *airport*, **~schein** *ticket*, **~zeug** *(aero)plane* **34**
**Flur** *hallway, corridor*
**Fluss** *river*
**flüstern** *whisper*
**Flut** *flood*
**folgen** *follow* **39**
**Formular** *form*
**fortsetzen** *continue*
**Foto machen: ein ~** *take a picture*, **~modell** *model*
**Foyer** *lounge*
**Frage** *question*, **~stellen** *ask a question*
**fragen** *ask*
**Frankreich** *France*, **französisch** *French*
**Frau** *woman*, **~ (Anrede, Brief, ledig/verheiratet)** *Ms*, **~ (Anrede, Brief, verheiratet)** *Mrs*, **Ehe~** *wife* **75**
**Fräulein (Anrede)** *Miss*, **~!** *waitress!* **53**
**frei** *free*, **~er Platz** *empty seat*, **~er Tag** *day off*
**Freiheit** *freedom*
**Freitag** *Friday*
**Freizeit** *free time*
**fremd** *foreign, strange*
**Fremde/r** *stranger*
**Fremdenverkehrsverein** *tourist information*
**Fremdsprache** *foreign language*
**freuen auf: sich ~** *look forward to*
**Freund/in** *friend; boyfriend, girlfriend*
**freundlich** *friendly, kind*
**frisch** *fresh* **78**
**froh** *glad*
**früh** *early*
**Frühstück** *breakfast* **35**, **warmes ~** *cooked breakfast* **53**
**fühlen** *feel*
**führen** *lead*
**Führerschein** *licence* **93**
**füllen** *fill*
**funktionieren** *work*
**für** *for* **35**
**furchtbar** *terrible, awful*
**fürchten (vor): sich ~** *be afraid of* **93**
**fürchterlich** *terrible* **89**
**Fuß** *foot* **49**, **~ball** *football*
**füttern** *feed*

## G

**Gabel** *fork*
**gälisch** *Gaelic*
**gähnen** *yawn*
**Galerie** *gallery* **97**
**ganz** *whole*
**Garage** *garage*
**Gast** *guest*, **~geber/in** *host/hostess*, **~haus** *inn*, **~stätte** *restaurant*
**Gebäude** *building*
**geben** *give*
**Gebirge: im ~** *in the mountains*
**geboren** *born*
**Gebrauchsanweisung** *instructions*
**Gebühr** *fee*
**Geburtstag** *birthday*
**geduldig** *patient*
**gefährlich** *dangerous*
**gegen** *versus*, **~ (Uhrzeit)** *around*
**Gegend** *area*
**gegenüber** *opposite*
**Gehalt** *salary*
**Geheimagent/in** *secret agent*
**Geheimnis** *mystery, secret*
**gehen** *go, walk*
**Gehirn** *brain*
**gehören** *belong to*
**geil** *cool*
**Geländerad** *mountain bike*
**gelangweilt** *bored*
**gelb** *yellow* **93**
**Geld** *money* **79**, **~ausgabeautomat** *cash dispenser*, **~beutel** *wallet*
**Gemälde** *painting*
**gemein** *cruel, mean*
**gemischt** *mixed*

**Gemüse** *vegetables* **61**
**gemütlich machen: mach dir's gemütlich** *make yourself comfortable*
**genau** *exactly* **25**
**genesen** *recover*
**Genf** *Geneva*
**Genie** *genius*
**genießen** *enjoy*
**genug** *enough*
**Gepäck** *luggage*
**Geplauder** *(small) talk*
**gerade jetzt** *right now* **39, ~ vor** *just before*
**geradeaus** *straight ahead*
**Geräusch** *noise*
**gern** *gladly,* **~ geschehen!** *you're welcome* **97, ~ haben** *like,* **ich hätte ~** *I'd like* **35**
**Geruch** *smell*
**gesamt** *whole*
**Geschäft** *business,* **~sführer/in** *manager,* **~smann** *businessman*
**geschäftlich** *on business*
**Geschenk** *gift*
**Geschichte** *story*
**geschieden** *divorced*
**Geschirr** *dishes,* **~ spülen** *wash up, do the dishes*
**geschlossen** *closed*
**Geschwindigkeit** *speed*
**Gesellschaftsraum** *lounge*
**Gesicht** *face*
**Gespräch** *conversation, discussion*
**gestern** *yesterday*
**gesucht** *wanted*
**gesund** *well*
**Gesundheit** *health,* **~ (Niesen)** *God bless you!*
**Getränk** *drink*
**gewählt** *dialed* **93**
**Gewerkschaft** *trade union*
**Gewicht** *weight*
**Gewohnheit** *routine*
**gewöhnlich** *usual*
**gewöhnt an** *used to*
**gibt: es ~** *there's/there is/are* **43, 54**
**Gitarre** *guitar*
**Glas** *glass* **53**
**glauben** *believe*
**gleich** *right away,* **~ hier** *right here*
**gleiche** *same*
**gleichfalls** *the same to you*
**Glück** *luck,* **viel ~** *good luck,* **~wunsch!** *congratulations!*
**glücklich** *happy*
**Golf** *golf*
**Grad** *degree(s)*
**Grammatik** *grammar*
**gratis** *free*
**grau** *grey* **75**
**grausam** *cruel*
**Grippe** *flu* **101**
**groß** *big* **75, ~ (Kleidung)** *large,* **~ (Körper)** *tall*
**Größe** *size* **71**
**Großeltern** *grandparents*
**grün** *green* **71**
**Grund** *reason*
**Gruppe** *group*
**Grüßen: mit freundlichen ~ (Brief)** *yours sincerely*
**gültig** *valid*
**Gummi** *rubber,* **~stiefel** *rubber boot*
**Gürtel** *belt*
**gut** *good, fine, well,* **~ aussehend** *good-looking,* **~e Besserung** *get well soon,* **~e Nacht!** *good night!,* **~en Abend!** *good evening!* **17, ~en Morgen!** *good morning!* **17, ~en Tag (beim Kennenlernen)!** *how do you do?*
**guten Tag!** *good morning! good afternoon!* **17**

## H

**Haar** *hair*
**haben** *have* **53,** *have got* **57, nicht ~** *haven't* **61**
**Haferbrei** *porridge*
**Haken** *hook*
**halb** *half*
**Hälfte** *half*
**hallo** *hello* **17**
**Hals** *neck, throat* **101, ~schmerzen** *sore throat*
**halten** *hold,* **~ (Züge)** *stop* **43**
**Hamburger** *burger*
**Hammer** *hammer*
**hämmern** *hammer*
**Hand** *hand,* **~schuh** *glove,* **~tuch** *towel*
**Handel** *commerce*
**Handy** *mobile (phone)*
**hängen** *hang*
**Häppchen** *bits*
**hart** *hard*
**hassen** *hate*
**hässlich** *ugly*
**hat** *has*
**hau ab!** *get lost!*
**Haupt-** *main,* **~eingang** *main entrance*
**Haus** *house,* **zu ~e** *at home,* **~frau** *housewife,* **~meister/in** *caretaker, janitor,* **~schuh** *slipper,* **~aufgaben** *homework*
**heben** *lift*
**heiraten** *get married, marry*

**heiß** *hot*
**heißen: ich heiße ...** *my name is ...* **21**
**Heizung** *heating*
**helfen** *help* **57**
**hell** *bright*
**Hemd** *shirt* **83**
**Hemdtasche** *shirt pocket*
**herein!** *come in!*
**Herr** *gentleman*, **~ (Anrede, Brief)** *Mr*, **~enmode** *men's wear* **75**
**Herz** *heart*
**heute** *today* **89**, **~ Abend** *tonight*, **~ Morgen** *this morning*
**hier** *here* **35**, **~ sind die Schlüssel** *here are the keys* **35**, **~ drinnen** *in here*
**hilfreich** *helpful*
**hinab: den Weg ~** *along*
**hineinkommen** *come into*
**hineinstecken** *insert*
**hinsetzen: sich ~** *sit down*
**hinter** *behind*
**hinunter** *down*
**hinzufügen** *add*
**Hobby** *hobby*
**hoch** *high* **79**, *up*, **~ (Gebäude)** *tall*
**hoffen** *hope*
**hoffnungslos** *hopeless*
**höflich** *polite*
**Höflichkeit** *politeness*
**Höhenangst** *vertigo*
**Hölle** *hell*
**homosexuell** *gay*
**hoppla!** *oops!*
**hören** *hear, listen*
**Hose** *trousers* **83**
**Hose: kurze ~** *shorts*
**Hotel** *hotel*
**hübsch** *pretty*
**Hüfte** *hip*
**Huhn** *chicken*
**Hund** *dog*
**Hunderte (von)** *hundreds of*
**hungrig** *hungry*
**Husten** *cough*
**Hut** *hat* **83**
**Hygiene** *hygiene*

## I

**ich** *I*
**ideal** *ideal*
**Idee** *idea*
**identisch** *identical*
**Idiot/in** *idiot*
**ihm** *him*
**ihn** *him*
**ihnen** *them*
**ihr** *you*, **~ (Hut)** *her ...*, **~ (Haus, Mehrzahl)** *their ...*, **Ihr (Name)** *your ...* **21**
**ihrer (Einzahl)** *hers*, **~ (Mehrzahl)** *theirs*
**immer** *always*
**Immobilien** *property, real estate*
**in Ordnung** *all right* **35**, *certainly* **39**, *okay*
**in: ~ hinein** *into*
**Inder/in** *Indian*, **Indien** *India*, **indisch** *Indian*
**Information** *information*
**Ingenieur/in** *engineer* **21**
**inklusive** *included*
**Innenstadt** *(city) centre*
**innerhalb** *within* **89**
**Insekt** *insect*
**Insel** *island*
**installieren** *install*
**intelligent** *intelligent*
**interessant** *interesting*
**Interesse** *interest*
**interessiert an** *interested in*
**Interview** *interview*
**Ire, Irin** *Irish*, **irisch** *Irish*, **Irland** *Ireland*
**irgendein** *any* **65**, *anyone*, **~etwas** *anything* **53**, **~jemand** *anybody*, **~wo** *somewhere*
**Irrtum** *error*
**ist** *is*, **es ~** *it's* **25**
**Italien** *Italy*, **Italiener/in** *Italian*, **italienisch** *Italian*

## J

**ja** *yes* **21**
**Jackett** *jacket* **79**
**Jahr** *year*
**Januar** *January*
**Japan** *Japan*, **Japaner/in** *Japanese*, **japanisch** *Japanese*
**Jeans** *jeans*
**jedenfalls** *anyway*
**jeder** *each* **79**, *every, everybody*
**jedes Mal, wenn** *whenever*
**jedoch** *however*
**jemals** *ever*
**jemand** *somebody, someone*
**jene** *those*
**jetzt** *now*
**Job** *job*
**joggen** *jog*
**Joghurt** *yogurt*
**Journalist/in** *journalist*
**Juli** *July*
**jung** *young*
**Junge** *boy*
**Juni** *June*

## K

**Kabel** *wire*, **~fernsehen** *cable TV*
**Kaffee** *coffee* **53**, **~haus** *café*, **~maschine** *coffee machine*
**kalt** *cold* **97**
**Kanada** *Canada*
**kann** *can* **53**, **~ nicht** *can't, cannot*
**kaputt** *broken*
**Karibik** *Caribbean*, **karibisch** *Caribbean*
**Karies** *caries*
**Karotte** *carrot* **61**
**Karte** *ticket*
**Kartoffel** *potato* **61**, **~chips** *crisps*
**Käse** *cheese* **79**
**Kassette** *cassette*
**katholisch** *Catholic*
**Katze** *cat*
**kauen** *chew*, **Kaugummi** *chewing gum*
**kaufen** *buy* **79**
**Kaufhaus** *department store*, **~preis** *price*
**kaum** *hardly*
**Kaution** *deposit*
**Kaviar** *caviar*
**Kehle** *throat*
**kein** *no, not any*
**Keks** *biscuit*
**Keller** *basement*
**Kellner/Kellnerin** *waiter* **57**, *waitress* **53**
**kennen** *know*, **~ lernen** *meet*
**Kerl** *bloke, guy*
**Kette** *chain*
**Kind** *child, kid*, **ein ~ bekommen** *have a baby*, **~er** *children*
**Kino** *cinema*
**Kirche** *church*
**Kiste** *box*
**Kiwifrucht** *kiwi*
**Klang** *sound*
**klarmachen: sich ~** *realize*
**Klasse** *class*
**Kleid** *dress*, **~er** *clothes*
**klein** *little, small* **75**, **~ (bei Personen)** *short*
**klingeln** *ring*
**klingen** *sound*
**Klobrille** *toilet seat*, **~papier** *toilet paper*
**klopfen** *knock*
**knallen** *boom*
**knallorange** *bright orange*
**Kneipe** *bar, pub*
**Knie** *knee*
**Knoblauch** *garlic*
**Knopf** *button*
**knurren** *growl*
**Koch, Köchin** *cook*
**kochen** *cook*
**Koffer** *suitcase*
**Kollege, Kollegin** *colleague*
**komisch (lustig)** *funny*
**kommen** *come* **89**, **ich ~** *I'm coming* **53**
**kompliziert** *complicated* **97**
**König/Königin** *king/ queen*
**können (fähig sein zu)** *be able to*
**konnten** *could*
**könnten** *could* **89**
**Konservendose** *tin*
**kontinental** *continental* **53**
**Konversation** *conversation*
**Kopf** *head*, **~salat** *lettuce*, **~schmerzen** *headache* **89**
**Kopie** *copy*
**Körper** *body*
**korrigieren** *correct*
**kosten** *cost*
**krank** *ill, sick*, **Krankenhaus** *hospital*, **~pfleger** *nurse*, **~schwester** *nurse*, **~wagen** *ambulance*, **Krankheit** *illness*
**Krawatte** *tie* **79**
**Kreditkarte** *credit card*
**Kreide** *chalk*
**Kreis** *circle*
**Kreppel** *doughnut*
**Kreuz** *cross*, **~worträtsel** *crossword puzzle*
**kriechen** *crawl*
**kriegen** *get*
**Krimi** *(crime) thriller*
**Krönung** *coronation*
**Küche** *kitchen*
**Kuchen** *cake*
**Kühlschrank** *refrigerator*
**Kultur** *culture*
**kümmern: sich ~ um** *take care of*
**Kumpel** *pal*
**Kunde, Kundin** *customer*
**Kunst** *art*
**Kurs** *class*
**kurz (auch zeitlich)** *short*
**küssen** *kiss*

## L

**L (Kleidung, groß)** *large*
**lächeln** *smile*
**lachen** *laugh*
**Lachs** *salmon* **57**
**Laden** *shop*, **~tisch** *counter*
**Laib: ~ Brot** *loaf*
**Lampe** *lamp*
**Land** *country*, **~esvorwahl** *country code* **93**, **~karte** *map*

**lang** *long*
**langsam** *slow, slowly* **16**
**langweilig** *boring*
**Lärm** *noise*
**lassen** *let,* **lass uns ...** *let's (let us) ...*
**laufen** *run,* **~ (nicht rennen)** *walk*
**Laune** *mood*
**laut** *loud*
**Lautstärke** *volume*
**Leben** *life,* **~skosten** *cost of living,* **~slauf: curriculum vitae** *CV,* **~smittel** *groceries,* **~smittelgeschäft** *grocer,* **~sunterhalt: zum ~** *for a living*
**leben** *live*
**lecker** *delicious*
**Leder** *leather* **83**
**ledig** *single*
**leer** *empty*
**legen** *put*
**lehren** *teach*
**Lehrer** *teacher*
**leiden** *suffer*
**leider** *unfortunately*
**leihen** *lend*
**Leinen** *linen* **75**
**leisten: sich ~** *afford*
**leiten** *lead*
**Leitung** *line*
**Lenkrad** *wheel*
**lernen** *learn, study*
**lesen** *read*
**letzten Mal: zum ~** *last*
**letzter** *last*
**Leute** *people*
**Licht** *light*
**lieb** *sweet*
**Lieb(er)** *Dear*
**lieben** *love*
**lieber** *rather*
**Liebling** *darling,* **~s-** *favourite*
**Lied** *song*
**liegen** *lie*
**lila** *purple*
**links** *left* **97, ~ (linken Seite)** *on the left*
**Lippe** *lip*
**Liste** *list*
**Loch im Zahn** *cavity*
**locker** *loose*
**Löffel** *spoon,* **ein ~ (voll)** *spoonful*
**Lohn** *wage*
**lösen (z. B. Problem)** *solve*
**Luft** *air*
**lügen** *lie*
**Lügner** *liar*
**lustig** *funny*
**lustig machen über: sich ~** *to make fun of*

## M

**M (Kleidung)** *medium*
**machen** *do, make,* **lauter ~** *turn up,* **leiser ~** *turn down,* **mach schon!** *come on!,* **macht nichts: es ~** *it doesn't matter*
**Macho** *macho, chauvinist*
**Mädchen** *girl*
**Magen** *stomach,* **~schmerzen** *stomachache*
**Mai** *May*
**Mal: das erste ~** *the first time,* **drei~** *three times*
**malen** *paint*
**manchmal** *sometimes*
**Mann** *man,* **Ehe ~** *husband* **89**
**männlich** *male*
**Mannschaft** *team*
**Mantel** *coat*
**Marke** *make* **71**
**Markt** *market,* **~anteil** *share of the market*
**Marmelade** *jam* **53**
**März** *March*
**Maschine** *machine*
**Maß nehmen** *measure*
**Massage** *massage*
**Matratze** *mattress*
**medium (Fleisch)** *medium* **61**
**Meer** *sea*
**Meerrettich** *horseradish*
**Mehl** *flour*
**mehr** *more* **53**
**mehrere** *several*
**Mehrwertsteuer** *VAT (value-added tax)* **42**
**Meile** *mile*
**mein** *my,* **~er** *mine,* **~e Damen und Herren!** *ladies and gentlemen!,* **~e Güte!** *oh dear! goodness!*
**meinen** *mean, suppose*
**meiste: das ~** *most*
**Menge: 'ne ~** *lots of*
**Menschenschlange** *queue*
**merkwürdig (komisch)** *funny*
**messen** *measure*
**Messer** *knife*
**mich** *me,* **~ (selbst)** *myself*
**Miete** *rent*
**mieten** *rent, hire*
**Mikrowellenherd** *microwave oven*
**Milch** *milk* **53**
**Million** *million,* **~är/in** *millionaire*
**Mineralwasser** *mineral water* **57**
**Minute** *minute*
**mir** *me* **71, ~ geht es nicht gut** *I don't feel well,* **~**

**geht's gut** *I'm fine* **17**, **von ~** *of mine*
**Missverständnis** *mistake, misunderstanding*
**mit** *with*, **~ dem Bus** *by bus* **38**, **~ dem Schiff** *by ship*, **~ dem Taxi** *by taxi*, **~ Luftpost** *by airmail*
**mitkommen** *come along*
**Mittagessen** *lunch*
**mittags (12 Uhr)** *noon* **43**
**Mitte** *middle*
**Mitteilung** *message*
**mittel** *medium*
**Mittelmeer** *Mediterranean*
**Mitternacht** *midnight*
**Mittwoch** *Wednesday*
**Möbel** *furniture*
**möbliert** *furnished*
**möchte** *would like*
**modern** *modern*
**mögen** *like* **22**, **sehr ~** *love*
**möglich** *possible* **89**
**Moment** *moment* **54**
**Monat** *month* **43**
**Mond** *moon*
**Montag** *Monday*
**morgen** *tomorrow* **17**, **~s** *in the morning* **25**, **am Morgen** *in the morning*
**Motor** *engine*, **~rad** *motorbike*
**müde** *tired*
**Müll** *rubbish*
**München** *Munich*
**Mund** *mouth*
**Münze** *coin*, **Münztelefon** *payphone*
**Museum** *museum*
**Musik** *music*
**müssen** *have to + inf.*, *must* **93**, **müsste (eigentlich)** *ought to*
**Mutter** *mother*, **Mutti** *Mum*
**Mütze** *cap*

## N

**na und?** *so what?*
**nach** *after, to*, **~ (Uhrzeit)** *past* **25**, **~ einer Weile** *after a while*, **~ Hause zurückkommen** *get home*, **~ oben** *up*
**Nachbar/in** *neighbour*
**nachdenken über** *think about*
**Nachmittag** *afternoon* **17**, **nachmittags** *in the afternoon* **25**
**Nachname** *last name, surname*
**Nachricht** *message*, **~en** *news*
**nachschlagen** *look up*
**nachsehen** *check*
**nächster** *next*
**Nacht** *night*, **die ganze ~** *all night*
**Nachtisch** *dessert* **58**
**nachts** *at night* **25**
**Nacken** *neck*
**Nähe: in der ~** *nearby, near here* **79**, **in der ~ von** *near, close to*
**Name** *name* **21**
**Nase** *nose*
**natürlich** *of course* **35**
**Neapel** *Naples*
**neben** *next to*
**neblig** *foggy* **97**
**negativ** *negative*
**nehmen** *take* **35**
**Neid** *envy*
**nein** *no* **21**
**nenn mich ...** *call me ...*
**nervös** *nervous*
**nett** *nice*, **~, Sie kennen zu lernen** *nice to meet you* **17**
**neu** *new*
**neugierig** *curious*
**Neuseeland** *New Zealand*
**nicht** *not*, **~ganz** *not quite*, **~ mal** *not even*, **~ mehr** *not any longer, not anymore*, **~ schon wieder!** *not again!* **~ so schlecht** *not so bad* **17**
**nicht einverstanden sein mit** *disagree with*
**nicht mögen** *dislike*
**nicht sein: ist nicht** *isn't* **72**
**Nichte** *niece*
**Nichtraucher(zone)** *non-smoking*
**nichts** *nothing*
**nie(mals)** *never*
**niemand** *nobody*
**nimm's leicht** *take it easy*
**nirgendwo** *nowhere*
**noch** *still, else* **53**, **~ ein** *another*, **~ etwas** *some more*, **~ etwas?** *anything else?*, **~ nicht** *not yet*
**Nordirland** *Northern Ireland*
**normal** *normal*, **~erweise** *usually*
**Notfall** *emergency*
**Notiz** *note*, **~buch** *notebook*
**Notlandung** *emergency landing*
**notwendig** *necessary*
**November** *November*
**null** *zero*, **~ (bei Telefonnummern)** *«oh»* **25**
**Nummer** *number*
**nur** *just* **53**, *only*

## O

**ob** *if*
**obdachlos** *homeless*
**oben (nach ~), ~ (im Haus)** *upstairs*
**oberhalb** *above*
**Oberkellner/in** *head waiter*
**Oberteil** *top*
**Obst** *fruit*
**oder** *or* **35**
**offen** *open*
**öffnen** *open*
**oft** *often*
**ohne** *without*
**ohnmächtig werden** *faint*
**Ohr** *ear,* **~enschmerzen** *earache*
**Oktober** *October*
**Öl** *oil*
**Olivenöl** *olive oil*
**Oma** *grandmother*
**Onkel** *uncle*
**Opa** *grandfather*
**orange** *orange*
**Orange** *orange,* **~nsaft** *orange juice*
**ordentlich** *proper, tidy*
**Ort** *place*
**Österreich** *Austria* **21, Österreicher/in** *Austrian,* **österreichisch** *Austrian*
**Ozean** *ocean*

## P

**paar: ein ~** *a few*
**Paar: ein ~** *pair of* **71**
**packen** *pack*
**Packung** *box, carton*
**Palast** *palace*
**Palme** *palm tree*
**Panik** *panic*
**Panne** *breakdown,* **eine ~ haben** *(my car's) broken down* **93,**
**Papa** *Dad, Daddy*
**Papier** *paper*
**Pappkarton** *carton*
**Parfüm** *perfume*
**Park** *park,* **~platz** *car park, place to park,* **~verbot (entspricht gelber Doppellinie)** *double yellow line* **93**
**parken** *park,* **das Parken** *parking*
**Parlament** *House of Commons*
**Parmesan** *Parmesan*
**Partei** *party*
**Partner/in** *partner*
**Party** *party*
**Passagier/in** *passenger*
**passen** *fit*
**passieren** *happen*
**Patient/in** *patient* **89**
**pauken** *study*
**Pech gehabt!** *tough luck!*
**peinlich** *embarrassing*
**Pension** *guesthouse*
**perfekt** *perfect* **43**
**Person** *person,* **~al** *staff, personnel*
**persönlich** *in person, personal,* **es ~ nehmen** *take it personally*
**Pfeffer** *pepper*
**pfiffig** *smart* **71**
**Pflaume** *plum*
**pflegen** *take care of*
**pflegte (früher) zu** *used to*
**Pfund (433,59 g)** *pound,* **~ Sterling** *pound* **36**
**phantastisch** *fantastic*
**piepsen** *beep*
**Pilot/in** *pilot*
**Pils: leichtes ~** *lager* **57**
**Pilz** *mushroom*
**Plan** *plan*
**planen** *plan*
**Plastiktüte** *plastic bag*
**Platz** *place, seat* **9,** *square* **~ nehmen** *take a seat*
**Plombe** *filling*
**plötzlich** *suddenly*
**plus** *plus*
**Politiker/in** *politician*
**Polizei** *police,* **~revier** *police-station* **93, Polizist/ Polizistin** *policeman/ police-woman,* **~ (ugs.)** *cop*
**Pommes frites** *chips* **57,** *French fries*
**Popstar** *popstar*
**Portemonnaie** *purse*
**Portwein** *port* **61**
**Position** *position*
**positiv** *positive*
**Post** *mail, post,* **~amt** *post office,* **~karte** *post-card*
**prächtig** *gorgeous*
**praktisch** *practical*
**Praxis** *practice* **89**
**Preis** *price*
**Premierminister/in** *prime minister*
**Presse** *press*
**privat** *private*
**Privatpension mit Frühstück** *bed and breakfast* **42**
**Privatschule** *public school*
**pro Person** *per person* **35**
**probieren** *try*
**Problem** *problem*
**Produkt** *product*
**Professor/in** *professor*
**Prost** *Cheers!*
**Prozent** *percent*
**Prüfung** *exam*

**Psychiater/in** *psychiatrist*
**Psychologie** *psychology*
**Pullover** *jumper, sweater*
**Punkt** *point*
**putzen** *clean*

## Q

**Qualität** *quality*
**Quatsch** *nonsense*
**Quittung** *receipt*

## R

**Rad** *wheel*
**Radio** *radio*
**Radioaktivität** *radioactivity*
**Rat** *advice*
**raten** *guess*
**rauchen** *smoke* **89**
**Räucherhering** *kipper* **52**
**rechnen** *calculate*
**Rechnung** *bill* **57**
**rechte (auch: richtige) Seite** *the right side*, **rechts (Seite)** *on the right*
**Rechten: zu deiner ~** *on your right*
**reden** *talk*
**Regel** *rule*
**regelmäßig** *regular*
**Regen** *rain*, **~bogen** *rainbow*, **~mantel** *raincoat*, **~schirm** *umbrella* **71**
**Regierung** *government*
**regnen** *rain* **97**, **regnerisch** *rainy*
**reich** *rich*
**reichen** *pass*
**Reis** *rice*
**reisen** *travel*
**Reisebüro** *travel agency*, **~bus** *coach* **34**, **~führer/in** *tour guide*, **~pass** *passport* **25**, **~schecks** *traveller's checks*
**reizend** *lovely*
**rennen** *run*
**Rennen** *race*
**renovieren** *renovate*
**Rente: in ~ gehen** *retire*
**reparieren** *fix, repair*
**reservieren** *reserve*
**Reservierung** *reservation*
**Restgeld** *change* **61**
**Rezept** *prescription (med.), recipe*, **~gebühr** *prescription charge*
**Rezeption** *reception*
**Rhein** *Rhine*
**richtig** *correct, right*
**riechen** *smell*
**riesig** *huge*
**Rindfleisch** *beef* **62**
**Risiko eingehen: ein ~** *take a risk*
**riskieren** *risk*
**Rock** *skirt* **83**
**roh** *raw*
**Rollschuh** *roller-skate*, **~treppe** *escalator*
**Rom** *Rome*
**Roman** *novel*
**romantisch** *romantic*
**Romanze** *romance*
**rosa** *pink*
**Rose** *rose* **83**
**rot** *red* **75**
**Routine** *routine*
**Rücken** *back*, **~schmerzen** *backache*
**Rückfahrkarte** *return (ticket)* **39**
**Ruf** *reputation*
**rufen: laut ~** *shout*
**Ruhe lassen: lass mich in Ruhe!** *leave me alone!*
**ruhig** *calm, quiet*
**Rühreier** *scrambled eggs* **50**
**ruinieren** *ruin*
**rumhängen** *hang around*
**rund** *round*
**Runde** *round*

## S

**Sache** *thing*
**Sack** *sack*
**Saft** *juice* **53**
**sagen** *say*
**Sahne** *cream* **57**
**Salat** *salad* **57**
**Salon** *lounge*
**Salz** *salt*, **~kartoffeln** *boiled potatoes* **61**
**sammeln** *collect*
**Samstag** *Saturday*
**Sand** *sand*
**Sandale** *sandal*
**sandig** *sandy*
**Sänger/in** *singer*
**Satellitenschüssel** *satellite dish*
**satt** *full*
**satt haben: ich habe ... satt** *I'm sick of ...*
**Satz** *sentence*
**sauber** *clean*
**sauer** *sour*
**schade!** *too bad!*
**Schaffner/in** *conductor*
**Schafwolle** *lambswool* **75**
**Schal** *scarf*
**Schankschluss** *last orders* **60**
**scharf (beim Essen)** *hot*, **~ (geschliffen)** *sharp*
**schauen Sie mal!** *have a look!* **79**
**Schauspieler/in** *actor/actress*

**Scheck** *cheque* **79, ~ einlösen** *cash a cheque*
**Scheibe** *piece, slice*
**scheiden lassen: sich ~** *get a divorce,* **Scheidung** *divorce*
**Schein: Geld~** *note* **79**
**scheinen** *seem,* **(Sonne)** *shine*
**Scheiße** *shit*
**scheitern** *fail*
**Scherz: nur ein ~** *just kidding*
**scherzen** *joke, kid*
**schicken** *send*
**schießen** *shoot*
**Schiff** *ship*
**Schilder** *signs* **39**
**Schinken** *ham,* **~ und Spiegeleier** *bacon and eggs* **53**
**schlafen** *sleep,* **schlaf gut!** *sleep well!,* **Schlafzimmer** *bedroom*
**schlagen** *beat*
**Schlange stehen** *queue*
**schlecht** *bad, poor,* **gar nicht ~** *not too bad*
**schlechte Qualität** *poor quality*
**schlechter** *worse*
**schlechtester** *worst*
**Schlemmer** *foodie, gourmet*
**schließen** *close,* **~ (Fabrik)** *close down*
**Schlüssel** *key* **35**
**schmecken** *taste*
**Schmerz** *pain* **89, ~en** *aches,* **~mittel** *painkiller*
**schmerzen** *hurt,* **schmerzhaft** *painful*
**schmutzig** *dirty*
**Schnäppchen** *bargain*
**schneiden** *cut*
**schneien** *snow*
**schnell** *fast, quick*
**Schnellbus** *direct bus* **43, ~imbiss** *fast food,* **~zug** *express* **43**
**schockiert** *shocked*
**Schokolade** *chocolate*
**schon** *already,* **~ (inzwischen)** *yet*
**schön** *beautiful, nice* **71, ~ (für schöne Männer)** *handsome*
**Schotte, Schottin** *Scot,* **schottisch** *Scottish,* **Schottland** *Scotland* **32**
**Schrank** *cupboard*
**Schraube** *screw*
**schrecklich** *awful, dreadful, horrible, terribly* **57**
**schreiben** *write*
**Schreibkraft** *typist,* **~ maschine** *typewriter,* **~tisch** *desk*
**schreien** *shout, scream*
**Schuh** *shoe* **71**
**Schuld** *fault*
**schulden** *owe*
**Schule** *school*
**Schüler/in** *pupil*
**Schulsystem** *school system*
**Schulter** *shoulder*
**Schüssel** *bowl, dish*
**schützen** *protect*
**Schwager, Schwägerin** *brother-in-law, sister-in-law*
**schwarz** *black* **83**
**Schweiz** *Switzerland* **21, Schweizer/in** *Swiss,* **schweizerisch** *Swiss*
**schwer** *heavy,* **~s Leben** *hard life*
**Schwester** *sister*
**Schwiegermutter** *mother-in-law,* **Schwiegervater** *father-in-law*
**schwierig** *difficult*
**Schwierigkeiten: in ~** *in trouble*
**Schwimmbad** *(swimming) pool*
**schwimmen** *swim*
**schwitzen** *sweat*
**See** *lake,* **(in Schottland)** *loch*
**Seele** *soul*
**segeln** *sail*
**sehen** *see* **71**
**Sehenswürdigkeiten** *sights*
**sehr** *very* **61**
**Sehr geehrt- (in Briefen)** *Dear*
**seid** *are*
**Seide** *silk*
**Seife** *soap,* **Seifenoper** *soap opera*
**sein** *be*
**sein/e** *his, its ...*
**seit** *since*
**Seite (im Buch)** *page,* **an meiner ~** *by my side*
**Sekretär/in** *secretary*
**Sekt** *sparkling wine, champagne*
**Sekunde** *second*
**selbe** *same*
**selbst (sie, mehrere)** *themselves,* **(er)** *himself*
**Selbstbedienung** *self-service*
**Selbstversorgung** *self-catering*
**selbstverständlich** *certainly*
**selten** *seldom*
**seltsam** *odd, strange, weird*
**Semester** *term*

**Sendung** *programme*
**September** *September*
**servieren** *serve*
**seufzen** *sigh*
**Sex** *sex*
**sexy** *sexy*
**sicher** *certain, sure* **71**
**Sicherheitsgurt** *safety belt, seat belt*
**Sie** *you* **17**
**sie** *she* **29**, *her*, **~(Mehrzahl)** *they, them* **75**
**sind** *are*
**singen** *sing*
**Situation** *situation*
**Sitz** *seat*
**sitzen** *sit*
**so ... wie** *as ... as*
**so bald wie möglich** *as soon as possible*
**Socke** *sock*
**Sodbrennen** *heartburn*
**Sofa** *couch, sofa*
**sofort** *immediately, right away*
**sogar** *even*
**so genannt** *so-called*
**Sohn** *son*
**solch** *such*
**sollte** *ought to, should* **89**
**Sommer** *summer* **79**
**Sonne** *sun*, **~nbrille** *sunglasses*
**sonnig** *sunny* **97**
**Sonntag** *Sunday*
**sonst** *else, otherwise*
**Sorgen machen um: sich ~** *worry about*
**sowohl ... als auch ...** *both ... and ...*
**Spalte (Druck~)** *column*
**Spanien** *Spain*, **spanisch** *Spanish*
**sparen** *save*
**Spaß** *fun*, **~ an etwas haben** *have a good time*, **nur zum ~** *just for fun*
**spät** *late* **43**
**später** *later*
**spazieren gehen** *to go for a walk*
**Spaziergang** *walk*
**Speise** *dish*, **~karte** *menu* **57**, **~saal** *dining-room*
**spendieren** *buy, treat*
**Spezialist/Spezialistin** *specialist*
**Spiel** *game, match*, **~zeug** *toy*, **Spieler/in** *player*
**spielen** *play*
**Spitze** *top*
**Sport** *sports*
**Sportschuhe** *trainers*
**Sprache** *language*
**sprechen** *speak* **93**, **~ über** *talk about*
**Sprecher** *speaker*, **Sprechstunde** *surgery hours*
**springen** *jump*
**Spritze** *injection*, **~ geben** *inject*
**spülen (Toilette)** *flush*
**Stadt** *city*, **~plan** *street map*, **~teil** *part of town*
**Stammkunde, Stammkundin** *regular customer*
**stark** *strong*
**starten** *take off* **43**
**stattdessen** *instead*
**staubig** *dusty*
**Staubsauger** *Hoover, vacuum cleaner*
**Steak** *steak* **62**
**stecken** *put*, **~ (Stecker)** *plug in*
**stehen** *stand*, **~ für etwas** *stand for*, **steht dir gut** *looks good on you, suits you*
**stehlen** *steal*
**steif** *stiff*
**Stelle** *position*
**stellen** *put*
**Steno** *shorthand*
**sterben** *die*
**Stiefel** *boot*
**Stift** *pen*
**still** *silent*
**Stimme** *voice*
**Stirn** *forehead*
**Stock (Etage)** *floor* **75**
**stolpern** *trip*
**stolz auf** *proud of*
**stören** *bother*
**stören: Stört es Sie ...** *Do you mind ...*
**Strafgebühr** *penalty*
**Strand** *beach*
**Straße** *road, street (St.), avenue*
**streichen: aufs Brot ~** *spread*, **einen Termin ~** *cancel*
**Streik** *strike*
**streiten (sich)** *argue, discuss*
**Stress** *stress*
**Struktur** *structure*
**Strumpfhose** *nylons, tights*
**Stück** *piece*
**Student/in** *student* **21**
**Stufe** *level*
**Stuhl** *chair*
**stumm** *silent*
**Stunde** *hour*
**suchen nach** *look for* **71**, *search for*
**Süden** *south*
**super** *super*
**Supermarkt** *supermarket*
**Suppe** *soup* **57**
**süß** *sweet*
**Süßigkeiten** *sweets*
**Szene** *scene*

## T

**Tablett** *tray*
**Tablette** *pill, tablet*
**Tafel** *(black)board*
**Tag** *day,* **den ganzen ~** *all day long* **97**
**Tagesgericht** *dish of the day* **57**
**Tal** *valley*
**Tante** *aunt*
**tanzen** *dance*
**Tasche** *bag, pocket* **(Hose), ~nrechner** *calculator,* **~ntuch** *handkerchief*
**Tasse** *cup*
**Tastatur** *keyboard*
**tat** *did* **89**
**tausend** *thousand*
**Taxi** *cab* **(in London) 38,** *taxi,* **~stand** *taxi rank*
**technisch** *technical*
**Technologie** *technology*
**Tee** *tea* **53, ~beutel** *teabag*
**Teil** *part*
**Telefon** *(tele)phone* **25, schnurloses ~** *cordless telephone,* **~auskunft** *directory enquiries,* **~buch** *telephone book, telephone directory,* **~karte** *phonecard,* **~zelle** *telephone box,* **ans ~ gehen** *answer the telephone*
**telefonieren** *phone*
**Teller** *plate*
**Tennis** *tennis*
**Teppich** *carpet*
**Termin** *date, appointment* **89, ~ vereinbaren** *make an appointment* **89, ~kalender** *diary*
**Terrorist/in** *terrorist*
**teuer** *expensive* **71**
**Teufel** *devil*
**Theater** *theatre*
**Theke** *counter*
**Theorie** *theory*
**Therapie** *therapy*
**Tier** *animal*
**tippen** *type*
**Tisch** *table* **61**
**Toast** *toast* **53**
**Tochter** *daughter*
**Tod** *death*
**Toilette** *bathroom, toilet*
**toll!** *great!* **97**
**Tomate** *tomato* **51**
**Ton** *beep, tone*
**Tonne (Gewicht)** *ton*
**Topf** *pot*
**Tor (Fußball)** *goal*
**tot** *dead*
**Tourist** *tourist*
**tragen** *carry,* **~ (Kleider)** *wear*
**Tratsch, ~en** *gossip*
**Traum** *dream*
**traurig** *sad*
**treffen** *meet,* **sich ~** *get together* **97**
**trennen: sich ~** *split up*
**Treppe** *stairs, steps,* **~ hinunter** *down the stairs*
**Tresen** *counter*
**Tresor** *safe*
**Triebwerk** *engine*
**Trimester** *term*
**trinken** *drink* **53**
**Trinkgeld** *tip* **61**
**trist** *dreary*
**trocken** *dry* **61**
**trocknen** *dry*
**Trott** *routine*
**trotzdem** *anyway*
**tschüs!** *bye!* **17**
**tun** *do* **22, tut mir Leid** *I'm sorry* **39**
**Tür** *door*
**Turm** *tower*
**Tüte** *bag*
**Typ** *guy, bloke*
**typisch** *typical* **79**

## U

**U-Bahn** *underground,* **Londoner ~** *Tube* **39, ~(US)** *subway,* **~-Haltestelle** *underground station*
**üben** *practice*
**über** *across, over, above; about*
**überall** *everywhere*
**überfüllt** *crowded*
**übergeben: sich ~** *vomit*
**überhaupt** *at all,* **~ nicht** *not at all* **97**
**übernachten** *stay*
**übernehmen** *take over*
**überprüfen** *check*
**Überraschung** *surprise*
**Überschwemmung** *flood*
**übersetzen** *translate*
**üblich** *usual*
**U-Boot** *submarine*
**übrig** *left* **53**
**übrigens** *by the way*
**Übung** *practice*
**Uhr** *o'clock* **25**
**um ... herum** *around,* **~ vier Uhr dreißig** *at four-thirty* **39, ~ Gottes willen!** *oh my God!*
**umbringen** *kill*
**Umfrage** *survey*
**umgekehrt** *vice versa*
**umsehen: sich ~** *look around*
**umsteigen** *change* **39**
**Umwelt** *environment*

**umziehen (Wohnung)** *move*
**Unbequemlichkeit** *inconvenience*
**und** *and*
**Unfall** *accident*
**Unfallstation** *casualty ward*
**ungefähr** *about*
**Ungeheuer** *monster*
**unglücklich** *unhappy*
**Universität** *university*
**unmöglich** *impossible*
**Unordnung** *mess*
**unpassend** *odd*
**uns** *us*, **~ (selbst)** *ourselves*, **~er** *our* **79**, **~erer** *ours*
**Unsinn** *nonsense*
**unten: nach ~** *down*
**unter** *under*
**Unterführung** *subway*
**Unterhaltung** *entertainment*
**Unterhaus** *House of Commons*
**Unterhemd** *vest*
**Unterhose** *pants, underwear*
**Unterkunft** *accommodation*
**unterrichten** *teach*
**Unterschied** *difference*
**unterschiedlich** *different*
**Unterschrift** *signature* **35**
**unterstreichen** *underline*
**unvorsichtig** *careless*
**Urlaub** *holiday*, **im ~** *on holiday* **89**, *on vacation*
**Ursache: keine ~** *don't mention it*
**USA: die ~** *the States*
**usw.** *etc.*

## V

**Vanille** *vanilla*
**Vater** *father*
**Vegetarier/in** *vegetarian*
**Verabredung** *date*
**verachten** *look down on*
**verantwortlich für** *responsible for*
**verärgern: sie ~** *make her angry*
**verbessern** *improve*
**verbinden (telefonisch)** *put through*, **Verbindung** *connection* **93**
**Verbindung: sich in ~ setzen** *contact*
**verboten** *prohibited, forbidden*
**verbrennen** *burn*
**Vereinigte Staaten** *United States*
**Vereinigtes Königreich** *United Kingdom*
**verfahren: sich ~** *get lost*
**verfehlen** *miss*
**verflucht!** *damn!*, **~er** *bloody, damn*
**verfolgen** *chase*
**vergessen** *forget*
**Vergleich** *comparison*, **im ~ zu** *compared to*, **vergleichen** *compare*
**Vergnügen: zum ~** *for pleasure*
**verhaften** *arrest*
**verheiratet** *married*
**Verkauf** *sale*, **verkaufen** *sell* **75**, **Verkäufer/in** *salesman/saleswoman, salesperson*
**Verkehr** *traffic*, **~sstau** *traffic jam*
**verlaufen: sich ~** *get lost*
**verletzen** *injure*, **Verletzung** *injury*
**verliebt sein** *to be in love*
**verlieren** *lose*
**verloren** *lost*
**verlorene Eier** *poached eggs* **52**
**vermissen** *miss*
**vernünftig** *reasonable*
**verpassen** *miss*
**verriegelt** *locked*
**verrückt** *crazy, mad, wild*
**versagen** *fail*
**verschütten** *spill*
**Versehen** *mistake* **57**
**Versicherung** *insurance*
**Verspätung** *delay*
**versprechen** *promise*, **Versprechen** *promise*
**verstehen** *understand, see*, **ich verstehe** *I get it, I see*
**versuchen** *try*
**vertraut** *familiar*
**verursachen** *cause*
**vervollständigen** *complete*
**verwählen: sich ~** *have the wrong number* **93**
**Vetter** *nephew*
**Video** *video*, **~recorder** *video recorder*, **~spiel** *video game*
**viel** *much*, **~ mehr** *much more*, **viel/e** *a lot of*, **viele** *many*
**vielleicht** *maybe* **75**, *perhaps*
**Viertel vor** *quarter to* **25**
**Virus** *virus*
**Vogel** *bird*
**Volk** *a people*
**voll** *crowded, full*
**völlig** *totally*

**Vollkorn** *whole meal*
**vollständig** *completely*
**Volltreffer!** *bingo!*
**von** *about, by, of,* **~ da an** *ever since then,* **~ jedem** *of each* **79**
**vor** *before,* **~ (Ort)** *in front of,* **~ (Uhrzeit)** *to,* **~ (zeitlich)** *ago,* **~ 12 Uhr mittags** *a.m.*
**Voraus: im ~** *in advance*
**vorbeikommen** *come over*
**vorbereiten** *prepare*
**Vorhersage** *forecast*
**Vorname** *first name, forename*
**Vorschlag** *suggestion*
**vorsichtig** *careful*
**Vorstadt** *suburb*
**vorstellen: jemanden ~** *introduce,* **sich etwas ~** *imagine,* **Vorstellungsgespräch** *job interview*
**Vorwahl** *local code* **93**
**vorziehen** *prefer*

## W

**wachsen** *grow*
**Waffe** *weapon*
**Wahl** *election*
**wählen** *choose, vote* **(bei Wahlen), ~ (Nummer)** *dial*
**wahr** *true*
**während** *during, while*
**wahrscheinlich** *probably*
**Währung** *currency*
**walisisch** *Welsh*
**Wand** *wall*
**Wandkalender** *calendar*
**wann?** *when?* **39**
**warm** *warm* **97**
**Warteliste** *list: waiting ~,* **~zimmer** *waiting room*
**warten** *wait*
**warum?** *why?* **75**
**was** *what* **21, ~ fehlt Ihnen denn?** *what's the problem?* **89, ~ fehlt?** *what's missing?,* **~ gibt's?** *what's on? what's up?,* **~ ist los?** *what's the matter?,* **~ läuft?** *what's on?*
**waschen, sich ~** *wash,* **Waschmaschine** *washing machine*
**Wasser** *water*
**Wechselkurs** *exchange rate* **79**
**wechseln** *change* **79**
**Wecker** *alarm clock*
**weder … noch** *neither … nor*
**Weg** *way*
**Weg: auf dem ~** *on the way*
**wegen** *because of, due to*
**weglassen** *leave out* **93**
**weglaufen** *run away*
**weiblich** *female*
**weil** *because*
**Weile: eine ~** *a while*
**Wein** *wine* **58, Weiß~** *white wine* **61**
**weinen** *cry*
**weiß** *white*
**weit** *far,* **~ (ausgedehnt)** *vast,* **~ weg** *far away*
**weitermachen** *keep on*
**welch…** *which,* **~e Sorte/Art** *what kind of,* **~e U-Bahn-Linie?** *which line?* **39**
**Welt** *world*
**Weltall** *space*
**wen?** *whom?* **89**
**weniger** *less* **89**
**wenigstens** *at least*
**wenn (Bedingung)** *if*
**wer** *who*
**Werbung** *advertisement*
**werden (werde tun)** *will* **35, ~ (Pilot)** *become (a pilot)*
**werfen** *throw*
**Werkstatt (KFZ)** *garage*
**Werkzeug** *tool*
**wert** *worth,* **~voll** *valuable*
**Wert** *value*
**wessen** *whose*
**wetten** *bet*
**Wetter** *weather* **97, ~bericht** *weather report*
**Whisky** *whisky* **62**
**wichtig** *important*
**Widerling** *creep*
**wie** *like* **97, ~ …?** *how …?,* **~ bitte?** *excuse me? sorry? pardon?* **25, ~ geht es dir?** *how are you?* **17, ~ ist es?** *what's it like?,* **~ lang?** *how long?,* **~ oft** *how many times,* **~ oft?** *how often?,* **~ schade!** *what a pity!* **79, ~ spät ist es?** *what time is it?* **25, ~ teuer?** *how much?,* **~ wär's mit** *what about* **61**
**wieder** *again*
**wiederholen** *repeat*
**Wiedersehen: auf ~** *goodbye* **17**
**wiegen** *weigh*
**Wien** *Vienna*
**wie viel?** *how much?* **35, ~e?** *how many?* **35, ~ Uhr ist es?** *what's the time?* **25**
**wild** *wild*
**willkommen in** *welcome to*
**Windhund** *greyhound*
**Winter** *winter*

**wir** *we*
**wirklich** *really* **71**
**Wirtschaft** *economy,* **~sflaute** *recession*
**wissen** *know* **71**
**Witz** *joke,* **~e machen** *kid*
**wo?** *where?* **21, ~ fehlt's denn?** *what's wrong?* **89**
**Woche** *week* **43, ~nende** *weekend,* **~ntag** *weekday*
**wohin?** *where to?* **39**
**wohnen** *live*
**Wohnung** *flat*
**Wohnzimmer** *living-room*
**Wolke** *cloud*
**wollen** *want*
**Wort** *word*
**Wörterbuch** *dictionary*
**wund** *sore*
**Wunder: kein ~** *no wonder*
**wunderbar** *wonderful* **79**
**wunderschön** *lovely*
**wünschen** *wish*
**würden** *would*
**Wurst** *sausage*
**Würstchenbude** *hot dog stand*

## X

**XL (Kleidung)** *extra large*

## Z

**z. B.** *e.g.*
**Zahl** *number* **25**
**Zahn** *tooth*
**Zahnarzt, Zahnärztin** *dentist* **87**
**Zähne** *teeth* **89, mir die ~ putzen** *brush my teeth,* **Zahnschmerzen** *toothache*
**Zeh** *toe,* **~ennagel** *toenail*
**Zeichentrickfilm** *cartoon*
**zeichnen** *draw*
**zeigen** *show* **71**
**Zeit** *time,* **lassen Sie sich ~** *take your time,* **~ verbringen** *spend time,* **hast du ~?** *are you free?,* **in letzter ~** *lately*
**Zeitschrift** *magazine*
**Zeitung** *newspaper*
**zerstören** *destroy*
**Zeug** *stuff,* **dummes ~** *nonsense, (Slang: bullshit)*
**ziemlich** *pretty, quite* **71,** *rather*
**Zigarette** *cigarette*
**Zimmer** *room* **35, ~decke** *ceiling*
**Zitrone** *lemon*
**Zoo** *zoo*
**zu** *to* **39, ~ (groß)** *too (big)* **75, ~ viel** *too much*
**Zucker** *sugar*
**Zufall** *coincidence*
**zufrieden** *satisfied*
**Zug** *train* **34**
**Zugabe** *encore*
**zugeben** *admit*
**zuhören** *listen to*
**Zukunft** *future*
**zumindest** *at least*
**zunehmen** *put on weight, get fat*
**zurück** *back*
**zurückrufen** *ring back*
**zusammen** *together*
**zuständig für** *in charge of*
**zustimmen** *agree*
**zuverlässig** *reliable*
**zwei Wochen** *a fortnight*
**Zweigstelle** *branch*
**zweimal** *twice*
**zweiter** *second* **75**
**Zwiebel** *onion*
**Zwillinge: eineiige ~** *identical twins*
**zwischen** *between* **93**

# SOS

## *Das Wichtigste für alle Fälle*

### *Zu beachten sind folgende Zeichen:*

**« - » bedeutet: zwei Vokale folgen aufeinander, werden gebunden, aber dennoch unterschieden;**

**« _ » Wörter werden zusammenhängend gesprochen.**

| | |
|---|---|
| **bitte** | *please* [plihs] |
| **danke** | *thanks* [thenks] |
| **ja** | *yes* [jäss] |
| **nein** | *no* [no-uh] |
| **ich verstehe nicht** | *I don't understand* [ai_do-uhnt_an_destend] |
| **langsam bitte!** | *slowly, please!* [slo-uhli_plihs] |
| **ich spreche kein Englisch** | *I don't speak English* [ai_do-uhnt_spihk_ingglisch] |
| **sprechen Sie Deutsch?** | *do you speak German?* [du_ju_spihk_dschermen?] |
| **Französisch?** | *French?* [frentsch?] |
| **vielen Dank** | *thank you very much* [thenk_juu_veri_matsch] |
| **Polizei** | *police* [polihs] |
| **Unfall** | *accident* [äkksident] |
| **Feuer** | *fire* [feir] |
| **Diebstahl** | *robbery* [roberi] |

| | |
|---|---|
| **Arzt** | *doctor* [doktor] |
| **krank** | *ill* [ill] |
| **Krankenhaus** | *hospital* [hospitl] |
| **Apotheke** | *chemist's* [kemists] |
| | |
| **wann?** | *when?* [uänn] |
| **wo?** | *where?* [uäeer] |
| **wie?** | *how?* [hau] |
| **wie viel?** | *how much? how many?* [hau matsch? hau meni?] |
| | |
| **Flughafen** | *airport* [ärpohrt] |
| **Bahnhof** | *station* [stehschon] |
| **Busbahnhof** | *bus station* [bass_stehschon] |
| **Bank** | *bank* [bänk] |
| **wechseln** | *change* [tschehndsch] |
| | |
| **Hotel** | *hotel* [ho-uhtel] |
| **Zimmer** | *room* [ruhm] |
| **Unterkunft** | *accommodation* [äkommodehschn] |
| **Taxi** | *taxi* [täkksi] |
| **Bus** | *bus* [bass] |
| **U-Bahn** | *tube* [tjuhb] |
| **Stadtplan** | *street map* [striht_mep] |
| **Reisebüro** | *travel agent's* [trevl_ehdschents] |
| | |
| **haben Sie ...?** | *have you got ...?* [häff_juh_gott ...?] |
| **gibt es ...?** | *is there ...? are there ...?* [is_ther ...? ahr_ther ...?] |
| **ich habe kein Geld** | *I haven't got any money* [ai häffnt_ gott_äni_mani] |
| **was kostet es?** | *how much is it?* [hau_matsch_is_it?] |
| | |
| **wo ist die Toilette?** | *where is the toilet?* [uäeer_is_the_toi_lett?] |
| **können Sie mich um sieben wecken?** | *can you wake me at seven?* [Kn_juh_uäk_mi_ätt_sewn?] |

# Bildnachweis

**Gesche M. Cordes** *15*
**Sabine Lubenow** *1, 33, 87*
**Bernhard Schurian** *5, 51, 69*

*Überflieger*

Die **Überflieger** sind der Einstieg für alle, denen ein ganzes Lehrbuch zu langwierig und ein Sprachführer zu floskelhaft ist. Mit der ausgefeilten Methode der "Überflieger" können Sie schon in wenigen Tagen die notwendigen Grundkenntnisse erwerben, um sich in einem fremden Land zu verständigen. Praktische Tips zu Kultur und Alltag helfen bei der Orientierung.

Uwe Kreisel / Pamela Ann Tabbert
**American Slang in letzter Minute**
(Buch: rororo 19623 / Buch mit Toncassette: rororo 19624 / Toncassette: rororo 19705)

Iain Galbraith / Paul Krieger
**Englisch in letzter Minute**
(Buch: rororo 60908 / Buch mit Audio-CD: rororo 60909 / Toncassette: rororo 60910)

Isabelle Jue / Nicole Zimmermann
**Französisch in letzter Minute**
(Buch: rororo 60911 / Buch mit Audio-CD: rororo 60912 / Toncassette: rororo 60913)

Efi Anthopoulou
**Griechisch in letzter Minute**
(Buch: rororo 19917 / Buch mit Toncassette: rororo 19919 / Toncassette: rororo 19918)

*rororo sprachen*

Frida Bordon / Giuseppe Siciliano
**Italienisch in letzter Minute**
(Buch: rororo 60914 / Buch mit Audio-CD: rororo 60915 / Toncassette: rororo 60916)

Elisabeth Völpel
**Portugiesisch in letzter Minute**
(Buch: rororo 19686 / Buch mit Toncassette: rororo 19687 / Toncassette: rororo 19736)

Christof Kehr
**Spanisch in letzter Minute**
(Buch: rororo 60917 / Buch mit Audio-CD: rororo 60918 / Toncassette: rororo 60919 )

Karl-Heinz Scheffler
**Türkisch in letzter Minute**
(Buch: rororo 19688 / Buch mit Toncassette: rororo 19689 / Toncassette: rororo 19735)

Weitere Informationen in der **Rowohlt Revue**, kostenlos im Buchhandel, und im **Internet: www.rororo.de**